ÉCOLE INTERMÉDIAIRE JACQUES-LEBER
30, de l'Église, Saint-Constant, QC J5A 1Y5
Tél.: (450) 632-3740 Fax: (450) 632-7223

LES CONTINENTS

AUSTRALIE
ET PACIFIQUE

MALCOLM PORTER et KEITH LYE

HURTUBISE

HMH

www.hurtubisehmh.com

Texte : Keith Lye
Illustrations : Malcolm Porter et Raymond Turvey
Maquette : AS Publishing
Mise en page : Geai Bleu Graphique
Traduction : Catherine Broué

Titre original de cet ouvrage :
Australia and the Pacific

Édition originale publiée en Grande-Bretagne
par Cherrytree Books
327 High Street
Slaugh Berkshire SL1 1TX

Copyright © 2001 Malcolm Porter et AS Publishing
Copyright © 2001 Éditions Hurtubise HMH pour
l'édition française

Dépôt légal : B.N. Québec 4e trimestre 2001
                    B.N. Canada 4e trimestre 2001

Éditions Hurtubise HMH ltée
1815, avenue De Lorimier
Montréal (Québec) Canada
H2K 3W6
Téléphone: (514) 523-1523
Télécopieur: (514) 523-9969

Données de catalogage avant publication (Canada)
Porter, Malcolm
Australie et Pacifique
(Collection Les Continents)
Traduction de : Australia and the Pacific.
Comprend un index.
Pour les jeunes de 9 ans et plus.
ISBN 2-89428-509-4
1. Océanie – Ouvrages pour la jeunesse. 2. Australie –
Ouvrages pour la jeunesse 3. Nouvelle-Zélande – Ouvrages
pour la jeunesse I. Lye, Keith. II. Titre. III. Collection.

DU17.P6714 2001   j995 C2001-940727-0

Les Éditions Hurtubise HMH bénéficient du soutien
financier des institutions suivantes pour leurs
activités d'édition :
— Gouvernement du Canada par l'entremise du
Programme d'aide au développement de l'industrie
de l'édition (PADIÉ);
— Programme de crédit d'impôt pour l'édition de
livres du gouvernement du Québec.

Imprimé à Hong Kong

LES CONTINENTS

L'AUSTRALIE
ET LE PACIFIQUE

Le présent atlas illustré combine cartes, photographies, illustrations, drapeaux, figures et tableaux pour donner à la fois une image d'ensemble de la région et des renseignements plus détaillés sur chacun des pays qui la constituent.

PRÉSENTATION DE CHAQUE PAYS

Chaque double page comprend les éléments suivants :

Introduction – Présentation des faits les plus importants sur le pays ou la région.

Cartes de situation – Situation du pays dans le continent et dans le monde.

Drapeaux – Illustration du drapeau de chaque pays.

Renseignements – Pour chaque pays sont indiqués la superficie, le nombre d'habitants, le nom de la capitale et, le cas échéant, la monnaie utilisée, la religion, les langues officielles, les principales villes et le type de gouvernement.

Illustrations – Des images accompagnées d'une légende caractérisent chaque pays. Topographie, personnalités, habitants, animaux, plantes, lieux, produits, donnent un aperçu du pays étudié.

Cartes – Une carte claire et précise situe chaque pays. Pour tirer le meilleur parti de chaque carte, il est préférable de connaître les symboles énumérés dans le tableau de la page en regard.

Végétation – Les différents coloris indiquent les régions boisées, désertiques ou polaires.

Altitude – Le relief est indiqué par des zones ombrées. Chaque sommet est marqué d'un triangle.

Orientation – Toutes les cartes sont orientées de manière à ce que le nord figure en haut de la page.

Échelle – Toutes les cartes sont dessinées à l'échelle pour permettre l'évaluation des distances.

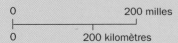

0   200 milles

0   200 kilomètres

POUR COMPRENDRE LES CARTES

FIDJI	Nom du pays
Terre d'Arnhem	Région
⌒	Frontière
- - - -	Frontière marine
■	Plus d'un million d'habitants
●	Plus de 500 000 habitants
•	Moins de 500 000 habitants
□	Capitale du pays
★	Capitale de l'État
ALPES NÉO-ZÉLANDAISES	Chaîne de montagnes
▲ *Cook* *3 764 m*	Sommet et altitude

Murray	Fleuve ou rivière
⬭	Lac
- - - -	Cours d'eau saisonnier
⬭	Lac saisonnier
⬭	Île

	Forêt
	Culture
	Prairie sèche
	Désert
	Toundra
	Zone polaire

* Dans de nombreuses grandes villes, comme à Sydney, la population métropolitaine est plus nombreuse que ne l'indiquent les chiffres fournis pour la ville. Un point plus gros signale de tels cas.

GROS PLAN SUR LES CONTINENTS

Peuples et croyances – Carte de densité des populations; représentation graphique du pourcentage de la population dans chaque pays; carte des régions par pays; carte des religions.

Climat et végétation – Carte de végétation de la montagne au désert; carte des températures hivernales et estivales; carte des précipitations annuelles.

Écologie et environnement – Carte des catastrophes et des dommages écologiques causés à la mer et à la terre; carte des îles menacées de disparition; encadré et carte des catastrophes naturelles; encadré sur les espèces menacées de disparition.

Économie – Carte des produits agricoles et industriels; carte et encadré sur le produit national brut de chaque pays; carte des sources d'énergie.

Politique et histoire – Encadré et ligne temporelle sur les principaux événements; carte de l'exploration de l'Australie et du Pacifique.

Index – Tous les noms figurant sur les cartes et les illustrations sont répertoriés dans un index situé à la fin du présent volume.

Kiwi, voir page 22.

L'Australie et le Pacifique

L'Australie, la Nouvelle-Zélande, la Papouasie-Nouvelle-Guinée ainsi qu'une myriade de petites îles dispersées dans le Pacifique constituent une région nommée Océanie. Les îles de l'Asie de l'Est, comme celles qui forment l'Indonésie, le Japon et les Philippines, ne font pas partie de cette région.

Bien que l'Océanie couvre une vaste étendue, elle compose à peine 6 pour 100 de la surface émergée du globe et ne comprend qu'environ 0,5 pour 100 de la population de la planète. L'Australie couvre 90 pour 100 de son territoire. Même si cette dernière est entourée d'eau, elle n'est pas pour autant considérée comme une île. On dit plutôt que l'Australie est le plus petit continent du monde.

Mer d'Arafura

Le capitaine britannique James Cook (1728-1779) a dirigé trois **expéditions** dans l'océan Pacifique. Il a été le premier Européen à découvrir les côtes orientales de l'Australie, qu'il a revendiquées au nom de la Grande-Bretagne, ainsi que de nombreuses îles du Pacifique, dont Hawaï, aujourd'hui un État américain.

AUSTRALIE

Environ 85 pour 100 de la **population** australienne et néo-zélandaise est **citadine**. Beaucoup de gens travaillent dans des usines ou dans le secteur des services gouvernementaux, financiers ou commerciaux. Les deux pays comptent toutefois d'importantes exploitations agricoles. Ici, la ville de Melbourne, vue d'une de ses vastes banlieues.

OCÉAN INDIEN

Les **marsupiaux**, comme le kangourou, sont des mammifères dont le petit, immature à sa naissance, achève son développement dans la poche ventrale de la mère. Les marsupiaux vivent surtout en Australie.

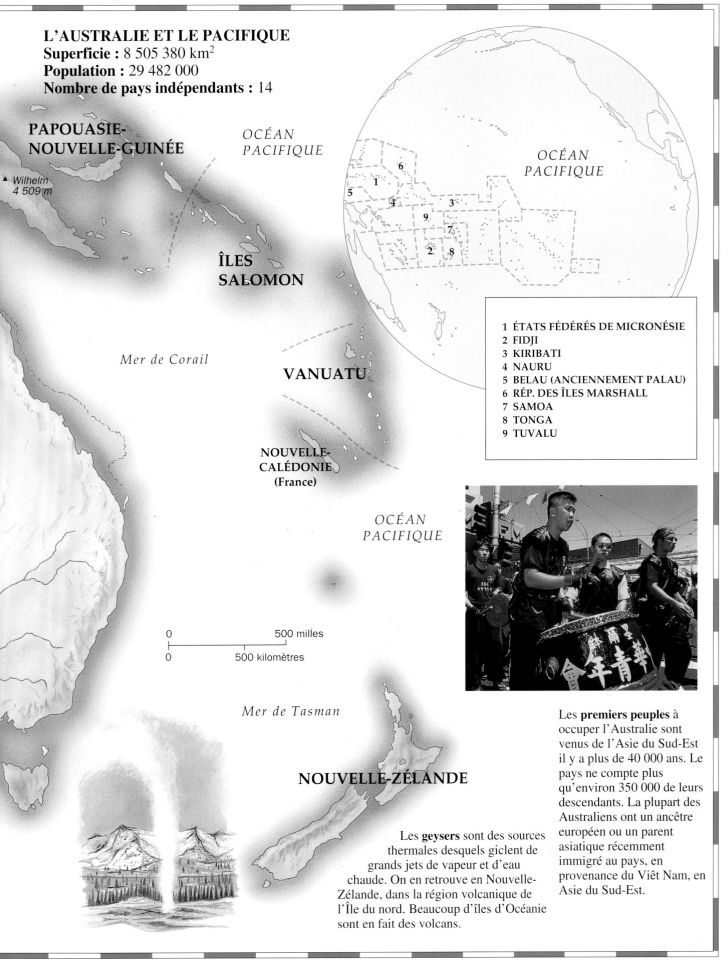

L'AUSTRALIE ET LE PACIFIQUE
Superficie : 8 505 380 km^2
Population : 29 482 000
Nombre de pays indépendants : 14

PAPOUASIE-
NOUVELLE-GUINÉE

▲ *Wilhelm*
4 509 m

OCÉAN
PACIFIQUE

ÎLES
SALOMON

Mer de Corail

OCÉAN
PACIFIQUE

VANUATU

NOUVELLE-
CALÉDONIE
(France)

OCÉAN
PACIFIQUE

6

1

5

4   3

9

7

2   8

1 ÉTATS FÉDÉRÉS DE MICRONÉSIE
2 FIDJI
3 KIRIBATI
4 NAURU
5 BELAU (ANCIENNEMENT PALAU)
6 RÉP. DES ÎLES MARSHALL
7 SAMOA
8 TONGA
9 TUVALU

0   500 milles

0   500 kilomètres

Mer de Tasman

NOUVELLE-ZÉLANDE

Les **geysers** sont des sources thermales desquels giclent de grands jets de vapeur et d'eau chaude. On en retrouve en Nouvelle-Zélande, dans la région volcanique de l'Île du nord. Beaucoup d'îles d'Océanie sont en fait des volcans.

Les **premiers peuples** à occuper l'Australie sont venus de l'Asie du Sud-Est il y a plus de 40 000 ans. Le pays ne compte plus qu'environ 350 000 de leurs descendants. La plupart des Australiens ont un ancêtre européen ou un parent asiatique récemment immigré au pays, en provenance du Viêt Nam, en Asie du Sud-Est.

AUSTRALIE

L'Australie, dont le nom officiel est le Commonwealth d'Australie, est le sixième pays du monde en termes de superficie. Des navigateurs hollandais ont fait la reconnaissance de certaines portions de la côte australienne au début du XVIIᵉ siècle. La colonisation n'a débuté toutefois qu'en 1788, après que le capitaine britannique James Cook en eut exploré la côte orientale. C'est d'ailleurs à cet explorateur que l'est du pays doit son nom de Nouvelle-Galles du Sud.

D'abord lente, la colonisation européenne s'est accélérée dans la foulée des ruées vers l'or qui ont bouleversé le pays durant les décennies 1850 et 1890. La plupart des pionniers venaient de la Grande-Bretagne ou de l'Irlande, mais après 1945, ils arrivèrent nombreux d'Europe de l'Est. Depuis les années 1970, d'autres immigrants sont venus de l'Asie de l'Est.

AUSTRALIE

Superficie : 7 682 300 km²
Point culminant : Mont Kościuszko dans les Alpes australiennes (région de la Cordillère australienne), 2 228 m
Population : 18 532 000 (1997)
Capitale : Canberra (298 000 hab.)
Villes principales: Sydney (3 879 000 hab.)
Melbourne (3 283 000 hab.)
Brisbane (1 520 000 hab.)
Perth (1 295 000 hab.)
Adélaïde (1 079 000 hab.)
Langue officielle : Anglais
Religion : Chrétienne : 74 %
Gouvernement : Démocratie fédérale (officiellement, monarchie constitutionnelle)
Monnaie : Dollar australien

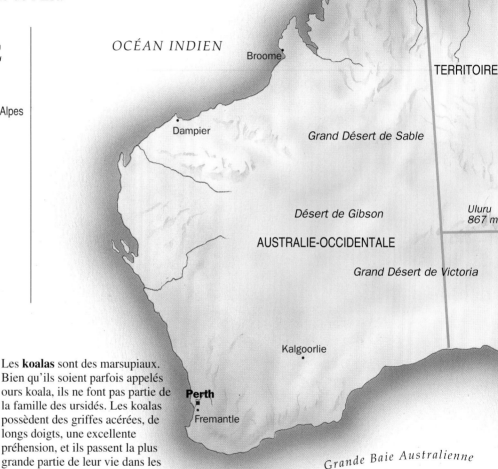

OCÉAN INDIEN
Darwin
Broome
TERRITOIRE
Dampier
Grand Désert de Sable
Désert de Gibson
Uluru
867 m
AUSTRALIE-OCCIDENTALE
Grand Désert de Victoria
Kalgoorlie
Perth
Fremantle
Grande Baie Australienne

Les **koalas** sont des marsupiaux. Bien qu'ils soient parfois appelés ours koala, ils ne font pas partie de la famille des ursidés. Les koalas possèdent des griffes acérées, de longs doigts, une excellente préhension, et ils passent la plus grande partie de leur vie dans les arbres.

Les côtes australiennes favorisent la **navigation** et la pratique d'autres sports aquatiques. Cependant, les Australiens sont conscients des dangers liés à l'exposition au soleil et protègent bien leur peau.

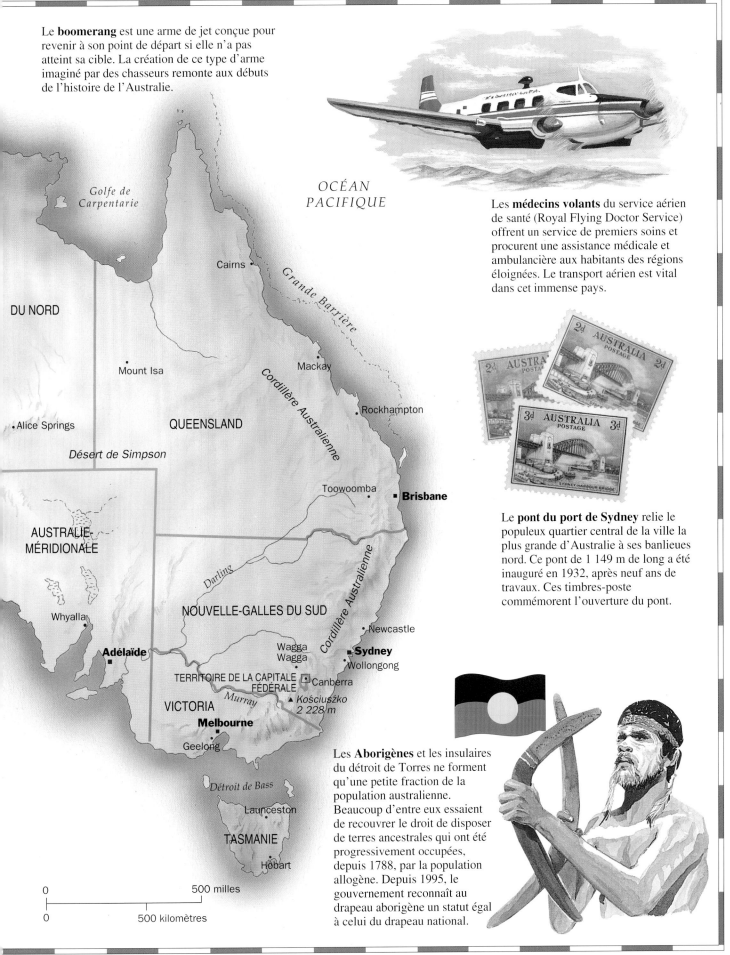

Le **boomerang** est une arme de jet conçue pour revenir à son point de départ si elle n'a pas atteint sa cible. La création de ce type d'arme imaginé par des chasseurs remonte aux débuts de l'histoire de l'Australie.

OCÉAN PACIFIQUE

Golfe de Carpentarie

DU NORD

Cairns

Grande Barrière

Mount Isa

Mackay

Rockhampton

• Alice Springs

QUEENSLAND

Cordillère Australienne

Désert de Simpson

AUSTRALIE-MÉRIDIONALE

Toowoomba

■ **Brisbane**

Darling

NOUVELLE-GALLES DU SUD

Cordillère Australienne

Whyalla

• Newcastle

Wagga Wagga

Sydney

Adélaïde

Wollongong

TERRITOIRE DE LA CAPITALE FÉDÉRALE

Canberra

Murray

▲ *Kościuszko 2 228 m*

VICTORIA

Melbourne

Geelong

Détroit de Bass

Launceston

TASMANIE

Hobart

0   500 milles

0   500 kilomètres

Les **médecins volants** du service aérien de santé (Royal Flying Doctor Service) offrent un service de premiers soins et procurent une assistance médicale et ambulancière aux habitants des régions éloignées. Le transport aérien est vital dans cet immense pays.

Le **pont du port de Sydney** relie le populeux quartier central de la ville la plus grande d'Australie à ses banlieues nord. Ce pont de 1 149 m de long a été inauguré en 1932, après neuf ans de travaux. Ces timbres-poste commémorent l'ouverture du pont.

Les **Aborigènes** et les insulaires du détroit de Torres ne forment qu'une petite fraction de la population australienne. Beaucoup d'entre eux essaient de recouvrer le droit de disposer de terres ancestrales qui ont été progressivement occupées, depuis 1788, par la population allogène. Depuis 1995, le gouvernement reconnaît au drapeau aborigène un statut égal à celui du drapeau national.

AUSTRALIE-OCCIDENTALE

L'Australie est constituée de six États et de deux territoires. L'Australie-Occidentale comprend près du tiers du continent, mais n'abrite que le dixième de la population. La plus grande partie de cet État est désertique, mais le nord connaît des étés chauds et pluvieux et des hivers secs, alors que le sud-ouest a des étés secs et des hivers doux et pluvieux.

Cet État est prospère grâce à son sous-sol, riche en bauxite (minerai d'aluminium), en or, en minerai de fer, en nickel et en pétrole. L'exploitation agricole, dont la production de produits laitiers, est également importante dans le sud-ouest. Les principales cultures comprennent celles des fruits et du blé, et l'élevage du mouton se concentre dans les régions peu arrosées.

Les **perles** et la **nacre** qui tapisse l'intérieur des huîtres et dans laquelle se forment ces perles, proviennent, depuis 1850, de la baie du Requin, en Australie-Occidentale. Depuis peu, des compagnies japonaises et australiennes en font la culture dans les États de l'Australie-Occidentale et du Queensland.

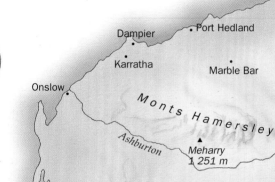

 AUSTRALIE-OCCIDENTALE

Superficie : 2 525 000 km²
Point culminant : Mont Meharry, 1 251 m
Population : 1 670 000
Capitale : Perth (1 295 000 hab.)
Villes principales : Mandurah (42 000 hab.)
Kalgoorlie (30 000 hab.)
Bunbury (28 000 hab.)
Emblème floral : Pied-de-Kangourou
Emblème animal : Fourmilier marsupial
Emblème aviaire : Cygne noir

L'Australie produit de l'**or** et des **diamants**. L'or provient surtout d'Australie-Occidentale, où l'on a également découvert de riches mines de diamants dans les années 1970. Depuis les années 1990, le pays domine le marché de la production de diamants.

Cette formation rocheuse **calcaire** située sur le littoral au nord de Perth est appelée désert des **pinacles**. Cette région fait partie du parc national de Nambung. L'Australie a créé de nombreux parcs nationaux afin de protéger ses merveilles naturelles et sa faune.

Océan Indien

L'océan Indien s'étend depuis l'Inde, au nord, jusqu'en Antarctique, au sud. Il baigne le littoral occidental et méridional de l'Australie jusqu'à la côte occidentale de la Tasmanie. Cette dernière est bordée, à l'est, par l'océan Pacifique.

Superficie : Environ 74 000 000 km²
Profondeur moyenne : 3 840 m
Point le plus profond : 7 725 m

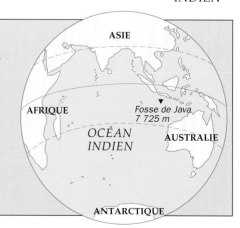

OCÉAN INDIEN

Dampier
Port Hedland
Karratha
Marble Bar
Onslow
Monts Hamersley
Ashburton
Meharry
1 251 m
Gascoyne
Carnarvon
Baie du Requin
Murchison
Gerardton
OCÉAN INDIEN
Northam
Perth ★
Fremantle
Swan
Mandurah
Katanning
Bunbury
Manjimup
Albany

ASIE
AFRIQUE
Fosse de Java
7 725 m
OCÉAN INDIEN
AUSTRALIE
ANTARCTIQUE

Le **fourmilier marsupial** est l'emblème animal de l'Australie-Occidentale. Contrairement à la plupart des marsupiaux, la femelle est dépourvue de poche ventrale. Les petits s'accrochent simplement à la fourrure et aux mamelles de leur mère. Les adultes se nourrissent de termites, dont ils peuvent manger des milliers quotidiennement. L'espèce, menacée de disparition, est protégée par la loi.

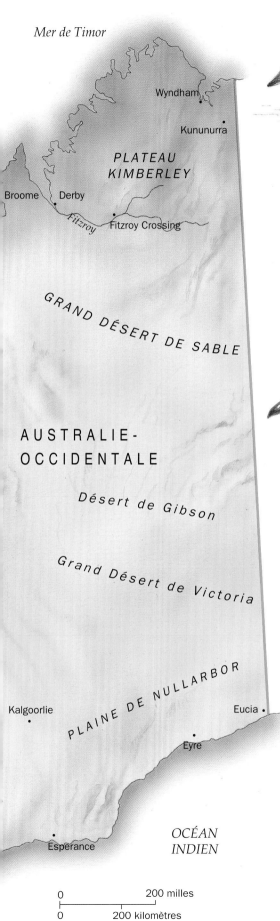

Mer de Timor

Wyndham

Kununurra

PLATEAU KIMBERLEY

Broome · Derby

Fitzroy · Fitzroy Crossing

GRAND DÉSERT DE SABLE

AUSTRALIE-OCCIDENTALE

Désert de Gibson

Grand Désert de Victoria

PLAINE DE NULLARBOR

Kalgoorlie

Eucia ·

Eyre

Esperance

OCÉAN INDIEN

| 0 | | 200 milles |
| 0 | | 200 kilomètres |

La célèbre **vague de pierre** est une merveille de la nature située à environ 390 km à l'est de Perth. Il s'agit d'un rocher granitique dur dont la façade a été érodée par les éléments, qui lui ont donné une forme de gigantesque vague pétrifiée.

Le **pied-de-kangourou** est la fleur-emblème de l'Australie-Occidentale. Les fleurs, dont l'extrémité est recouverte d'un épais duvet, rappellent une patte de kangourou. Il en existe environ dix variétés.

Perth, ville pittoresque fondée en 1829, est aujourd'hui un important centre culturel et industriel. La rivière Swan la relie à son port, Fremantle.

9

TERRITOIRE DU NORD

Le Territoire du Nord est de loin le plus grand des deux territoires d'Australie. Depuis 1978, il est en grande partie autonome. Près du quart de sa population est aborigène et il recèle de nombreux sites aborigènes sacrés, notamment le célèbre Uluru (ou Ayers Rock).

Bien que le Territoire du Nord couvre près du sixième de l'Australie, il n'est que très peu peuplé. Le nord tropical se caractérise par un climat chaud et pluvieux, alors que le sud est essentiellement désertique. Le Territoire du Nord est connu pour la beauté de ses paysages et l'abondance de ses gisements minéraux (bauxite, manganèse, pétrole, gaz naturel et uranium), qui constituent sa principale source de richesse.

TERRITOIRE DU NORD

Superficie : 1 346 200 km²
Point culminant : Mont Zeil, 1 510 m
Population : 299 000
Capitale: Darwin (82 000 hab.)
Autre grande ville : Alice Springs (20 000 hab.)
Emblème floral : Rose du désert de Sturt
Emblème animal : Kangourou roux
Emblème aviaire : Aigle audacieux

Le navigateur britannique **Matthew Flinders** (1774-1814) a exploré tout le littoral australien entre 1801 et 1803 et en a dressé la carte. Il a ainsi prouvé qu'aucun passage ne traversait le continent, contrairement à ce que certains pensaient.

L'art aborigène remonte à une époque lointaine où les artistes aborigènes peignaient sur les murs des cavernes et sur de l'écorce. Beaucoup de peintures avaient une signification religieuse, alors que d'autres illustraient un mode de vie traditionnel.

La **rose du désert de Sturt**, emblème floral du Territoire du Nord, porte le nom de l'explorateur Charles Sturt. Les sept pétales qui sont représentés sur le drapeau du Territoire du Nord symbolisent les six États de l'Australie et le Territoire du Nord.

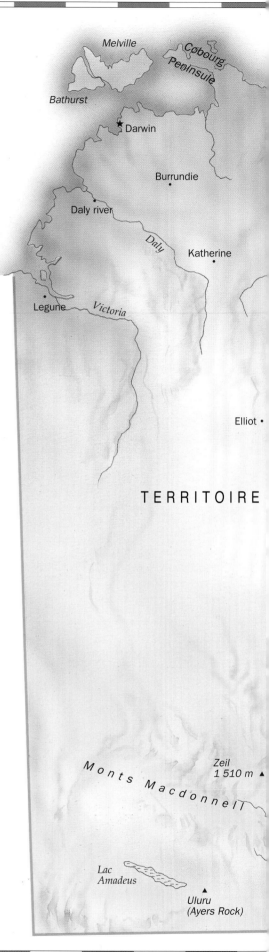

Melville
Cobourg Peninsule
Bathurst
★ Darwin
Burrundie
Daly river
Daly
Katherine
Legune — Victoria
Elliot •
TERRITOIRE
Monts Macdonnell
Zeil 1 510 m ▲
Lac Amadeus
Uluru (Ayers Rock) ▲

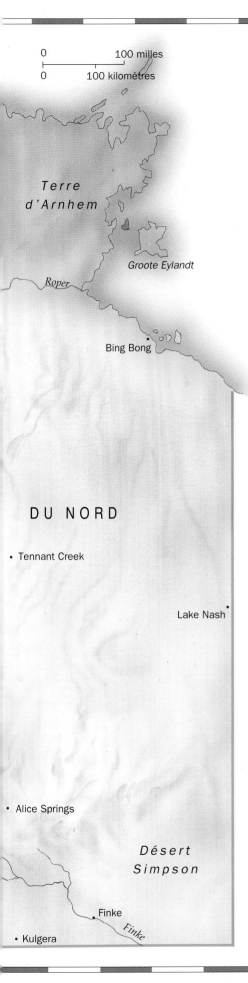

Terre d'Arnhem

Groote Eylandt

Roper

Bing Bong

DU NORD

• Tennant Creek

Lake Nash

• Alice Springs

Désert Simpson

• Finke

Finke

• Kulgera

Darwin, la capitale du Territoire du Nord, est une petite ville, mais un centre de communications majeur. Le havre qui l'abrite porte le nom du naturaliste Charles Darwin depuis 1839. La construction du premier établissement dans le havre remonte à 1869.

Deux sortes de **crocodiles** évoluent dans les terres tropicales du nord de l'Australie. Les crocodiles d'eau salée vivent à l'embouchure des rivières qui reçoivent l'eau salée des marées. Les crocodiles d'eau douce fréquentent les lacs et les cours d'eau intérieurs. Les deux espèces sont protégées, bien qu'elles ne soient probablement plus menacées de disparition.

Uluru est un mot aborigène qui signifie « gros caillou ». C'est le nom aborigène donné à un immense roc de couleur rouge, anciennement connu sous le nom d'Ayers Rock, situé dans la partie méridionale du Territoire du Nord. Uluru est une attraction touristique majeure.

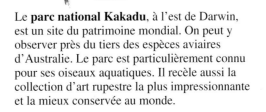

Le **parc national Kakadu**, à l'est de Darwin, est un site du patrimoine mondial. On peut y observer près du tiers des espèces aviaires d'Australie. Le parc est particulièrement connu pour ses oiseaux aquatiques. Il recèle aussi la collection d'art rupestre la plus impressionnante et la mieux conservée au monde.

AUSTRALIE-MÉRIDIONALE

L'Australie-Méridionale est le troisième État en termes de superficie. Environ les quatre cinquièmes du territoire est désertique, recouvert de sable et de pierres, d'où le nom de désert pierreux. Cette carte de l'Australie-Méridionale indique plusieurs lacs, notamment les lacs Eyre et Gairdner, qui ne contiennent de l'eau que lorsqu'il pleut abondamment. La plupart du temps, ils sont asséchés et laissent voir leur fond couvert de sel.

La population de cet État se concentre dans le sud-est, où les étés sont chauds et secs, et les hivers doux et humides. C'est une région de terres agricoles fertiles propices à la culture de l'orge, du raisin (destiné à la production de vin) et du blé. Les pâturages luxuriants favorisent également l'élevage ovin et bovin.

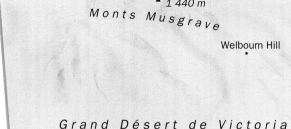

Woodroffe
▲ 1 440 m
Monts Musgrave
Welbourn Hill

Grand Désert de Victoria

Maralinga
Cook
AUSTRALIE
Plaine de Nullarbor
Tarcoola
Yalatta
Coorabie
Ceduna

Grande Baie Australienne

AUSTRALIE-MÉRIDIONALE

Superficie : 984 000 km²
Point culminant : Mont Woodroffe, 1 440 m
Population : 1 460 000
Capitale: Adélaïde (1 079 000 hab.)
Villes principales: Whyalla (23 600 hab.)
Mount Gambier (22 000 hab.)
Port Augusta (14 000 hab.)
Emblème floral : Pois du désert de Sturt
Emblème animal : Wombat à narines poilues
Emblème aviaire : Cassican flûteur

Le **pois du désert de Sturt**, qui doit son nom à l'explorateur Charles Sturt, est l'emblème floral de l'Australie-Méridionale. Il suffit d'une ondée pour que cette plante aux fleurs d'un rouge foncé fleurisse en grand nombre, couvrant de vastes étendues. La plante produit des gousses brunes, étroites et dures contenant une multitude de graines qui restent en dormance jusqu'à l'averse suivante.

L'Australie est le plus important producteur d'**opales** du monde. Les opales sont de jolies pierres semi-précieuses. Le principal centre de production du pays est Coober Pedy, à environ 700 km au nord-ouest d'Adélaïde, en Australie-Méridionale.

En Australie, le transport de marchandises sur des distances considérables se fait par **trains routiers**. Un seul camion puissant peut tirer trois ou quatre grandes remorques sur des routes comme la Stuart Highway, d'une longueur de 3 100 km, qui relie Adélaïde et Perth.

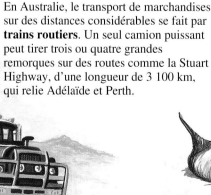

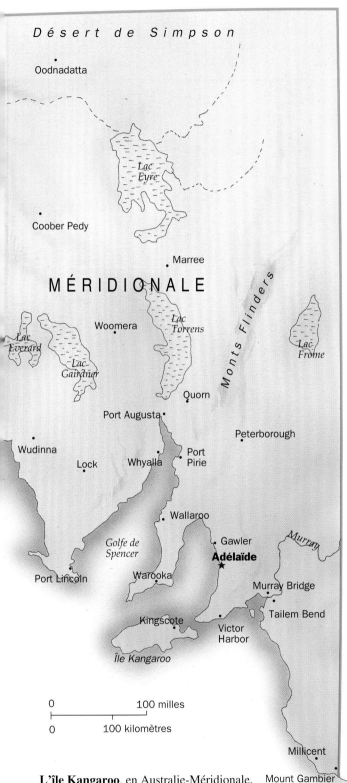

Désert de Simpson

Oodnadatta

Coober Pedy

Lac Eyre

Marree

MÉRIDIONALE

Monts Flinders

Woomera

Lac Torrens

Lac Frome

Lac Everard

Lac Gairdner

Quorn

Port Augusta

Peterborough

Wudinna

Lock

Whyalla

Port Pirie

Wallaroo

Golfe de Spencer

Gawler

Murray

Adélaïde

Warooka

Port Lincoln

Murray Bridge

Kingscote

Tailem Bend

Victor Harbor

Île Kangaroo

0   100 milles

0   100 kilomètres

Millicent

Mount Gambier

L'île Kangaroo, en Australie-Méridionale, est la troisième île du pays en termes de superficie. Elle doit son nom à son importante population de kangourous. Le côté sud de Sea Bay abrite un sanctuaire de lions de mer d'Australie. Le pingouin pygmée et le paysage côtier constituent également d'autres points d'intérêt de l'île.

Les **cuvettes sèches salées** (salt pans) sont d'immenses lacs dont le lit asséché est recouvert d'une couche dure salée. En raison de leur relief plat, elles accueillent souvent des courses automobiles.

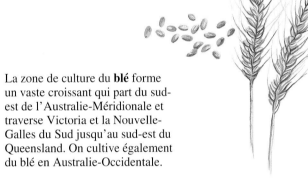

La zone de culture du **blé** forme un vaste croissant qui part du sud-est de l'Australie-Méridionale et traverse Victoria et la Nouvelle-Galles du Sud jusqu'au sud-est du Queensland. On cultive également du blé en Australie-Occidentale.

Adélaïde, capitale de l'Australie-Méridionale, est un port majeur où se concentre une grande diversité d'industries. Les premiers pionniers y sont arrivés en 1836. Cette ville bien pensée est connue pour ses nombreuses églises, ses paysages côtiers et les collines qui l'entourent.

QUEENSLAND

Le Queensland, souvent appelé le « Sunshine State » en raison de son climat chaud, est l'État le plus grand d'Australie après l'Australie-Occidentale. Au large de Queensland s'étend la Grande Barrière, la formation corallienne la plus étendue au monde. Cette dernière et différentes stations balnéaires attirent de nombreux visiteurs. La principale zone de villégiature est la Gold Coast, qui s'étend depuis le sud de Brisbane jusqu'en Nouvelle-Galles du Sud.

Cet État est un important producteur de canne à sucre, mais de nombreux habitants y élèvent du bœuf, des vaches laitières ou des moutons. Les richesses minières du Queensland sont le charbon, le cuivre et le plomb. L'industrie de la fabrication domine, particulièrement à Brisbane.

QUEENSLAND

Superficie : 1 727 000 km^2
Point culminant : Mont Bartle Frere, 1 611 m
Population : 3 369 000 (1996)
Capitale : Brisbane (1 520 000 hab.)
Autres régions urbaines importantes :
Gold Coast-Tweed, y compris la partie située en Nouvelle-Galles du Sud (368 000 hab.)
Townsville (123 000 hab.)
Sunshine Coast (162 000 hab.)
Cairns (109 000 hab.)
Emblème floral : Orchidée de Cooktown (dendrobium bigibbum)
Emblème animal : Koala
Emblème aviaire : Grue brolga

On cultive des **ananas** dans les régions au climat tropical du Queensland, ainsi que des bananes. Les régions plus fraîches sont propices à la culture de fruits de régions tempérées, telle la pomme. Toutefois, on y cultive principalement les céréales, dont l'orge, le maïs, le sorgho et le blé.

Mount Isa, dans l'ouest du Queensland, recèle des ressources minières parmi les plus riches du monde. Des gisements de cuivre, de plomb, d'argent et de zinc se retrouvent à Mount Isa. Le Queensland est également un grand producteur de charbon.

L'économie du Queensland est avant tout fondée sur **l'exploitation bovine**, qui se pratique principalement dans le centre-est de l'État. L'élevage de bétail laitier est important dans le sud-est, particulièrement aux environs de Brisbane.

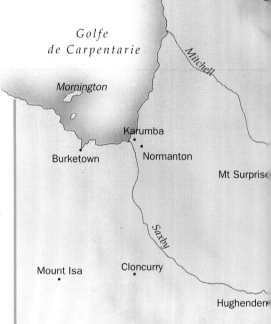

Détroit de Torres
Cap York
Bamaga
Lockhart River
Weipa
Péninsule du Cap York
Golfe de Carpentarie
Mornington
Mitchell
Karumba
Burketown
Normanton
Mt Surprise
Saxby
Mount Isa
Cloncurry
Hughenden
QUEENSLAND
Winton
Longreach
Grand Bassin Artésien
Birdsville

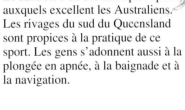

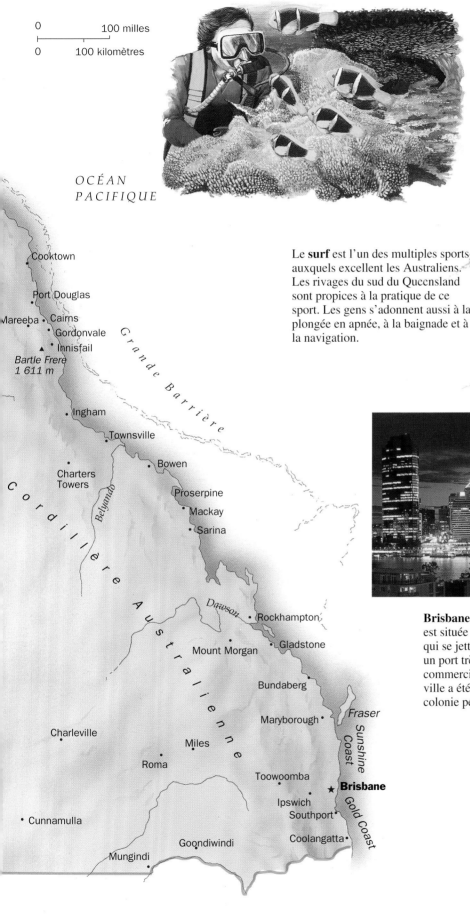

La **Grande Barrière** borde la côte du Queensland sur près de 2 010 km. Quelques secteurs du récif corallien se trouvent à environ 16 km de la côte, alors que d'autres sont situés à plus de 160 km au large. Beaucoup d'îles sont dispersées d'un bout à l'autre du récif.

Le **surf** est l'un des multiples sports auxquels excellent les Australiens. Les rivages du sud du Queensland sont propices à la pratique de ce sport. Les gens s'adonnent aussi à la plongée en apnée, à la baignade et à la navigation.

Brisbane, capitale du Queensland, est située le long du fleuve Brisbane qui se jette dans le Pacifique. C'est un port très achalandé et un centre commercial et industriel prospère. La ville a été fondée en 1824 à titre de colonie pénitentiaire.

0 ─── 100 milles
0 ─── 100 kilomètres

OCÉAN PACIFIQUE

Cooktown

Port Douglas

Mareeba • Cairns
• Gordonvale
▲ • Innisfail
Bartle Frere
1 611 m

Grande Barrière

• Ingham

• Townsville

• Bowen

Charters
Towers

Belyando

• Proserpine
• Mackay
• Sarina

Cordillère Australienne

Dawson • Rockhampton

Mount Morgan • Gladstone

Bundaberg

Charleville •
Miles •
Maryborough • *Fraser*

Roma •

Toowoomba
★ **Brisbane**

Ipswich •
Southport
Coolangatta •

Sunshine Coast
Gold Coast

• Cunnamulla

Goondiwindi

Mungindi

Nouvelle-Galles du Sud

La Nouvelle-Galles du Sud est l'État le plus riche et le plus développé d'Australie. Bien qu'il se range au quatrième rang en termes de superficie, il est le plus peuplé. Les villes de Sydney, Newcastle et Wollongong rassemblent environ 75 pour 100 de sa population. À l'origine, le nom de Nouvelle-Galles du Sud désignait une colonie britannique dont l'étendue englobait tout l'est de l'Australie. Ce n'est qu'aux environs de 1863 que l'État a reçu les frontières qu'on lui connaît aujourd'hui.

Enclavé dans le sud-ouest de la Nouvelle-Galles du Sud se trouve le petit Territoire de la capitale fédérale. Ce site a été choisi en 1909 pour la construction de Canberra, la capitale du pays.

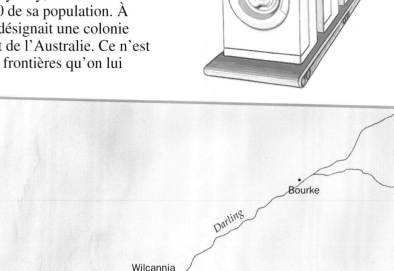

NOUVELLE-GALLES DU SUD

Superficie : 801 600 km^2
Point culminant : Mont Kościuszko, 2228 m
Population : 6 039 000
Capitale : Sydney (3 879 000 hab.)
Villes principales: Newcastle (464 000 hab.)
Wollongong (256 000 hab.)
Emblème floral : Télopée incomparable
Emblème animal : Ornithorynque
Emblème aviaire : Kookaburra

TERRITOIRE DE LA CAPITALE FÉDÉRALE

Superficie : 2 400 km^2
Population : 299 000

Les **télopées incomparables**, aux fleurs rouge vif, poussent dans les zones gréseuses aux environs de Sydney. La télopée est la fleur-emblème de la Nouvelle-Galles du Sud et, chaque année, en octobre, Sydney organise un Festival printanier de la télopée.

Canberra, dans le Territoire de la capitale fédérale, est la capitale du pays. C'est dans cette ville que siège le parlement, qui comprend le sénat et l'assemblée législative. Les plans de cette jolie ville ont été dessinés par l'architecte américain Walter Burley Griffin.

La **machine à laver** est l'un des nombreux produits fabriqués en Nouvelle-Galles du Sud, l'État le plus important en termes de production manufacturière. Cette production est assez diversifiée : automobiles, produits chimiques, vêtements, machinerie agricole, produits fertilisants, verrerie, fer, produits métallurgiques, machinerie, papier et textiles.

Les magnifiques **Montagnes Bleues** (Blue Mountains), à l'ouest de Sydney, font partie de la Cordillère australienne. Avant qu'une route ne les traverse à partir de 1815, elles représentaient un obstacle de taille pour les pionniers et les empêchaient de progresser vers l'intérieur.

L'ornithorynque est un mammifère d'Australie et de Tasmanie à bec de canard, à pattes palmées et à queue plate, lui permettant de creuser des galeries près de l'eau.

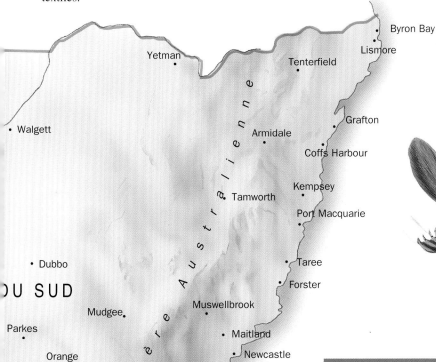

L'opéra de Sydney est situé sur une langue de terre qui s'avance dans le port de Sydney. Ses toits en forme de voile, faits de coques superposées, lui confèrent un aspect unique. Cet opéra a ouvert ses portes en 1973.

Le **parc national Kościuszko**, dans le sud-est de la Nouvelle-Galles du Sud, est un centre touristique et une station de ski importants. Il est situé dans les Alpes australiennes, qui font partie de la Cordillère Australienne. Au cœur de ces belles montagnes enneigées parsemées de lacs se dresse le mont Kościuszko, point culminant de l'Australie.

VICTORIA

Victoria est le plus petit des États continentaux d'Australie. Malgré cela, on y compte vingt habitants au kilomètre carré, soit la densité la plus élevée du pays. Cet État abrite une très grande proportion de gens provenant de pays non anglophones, dont des collectivités italiennes, grecques et vietnamiennes.

Victoria possède de vastes étendues de terres cultivées, mais le secteur de l'industrie est aujourd'hui la principale ressource économique de l'État. On y produit également du charbon brun et du gaz naturel, ainsi que divers biens manufacturés.

VICTORIA

Superficie : 227 600 km²
Point culminant : Mont Bogong, 1 986 m
Population : 4 374 000
Capitale: Melbourne (3 283 000 hab.)
Autres régions urbaines importantes :
Geelong (125 000 hab.)
Ballarat (65 000 hab.)
Bendigo (60 000 hab.)
Emblème floral : Bruyère rose (Épacris impressa)
Emblème animal : Opossum de Leadbeater
Emblème aviaire : Méliphage casqué

Le **football selon les règles australiennes** est une version rapide du football. Inventé par les Australiens, ce sport captivant ne se pratique qu'en Australie et en Papouasie-Nouvelle-Guinée. Les Australiens sont aussi fervents du cricket, du rugby à XIII, du rugby et du football européen.

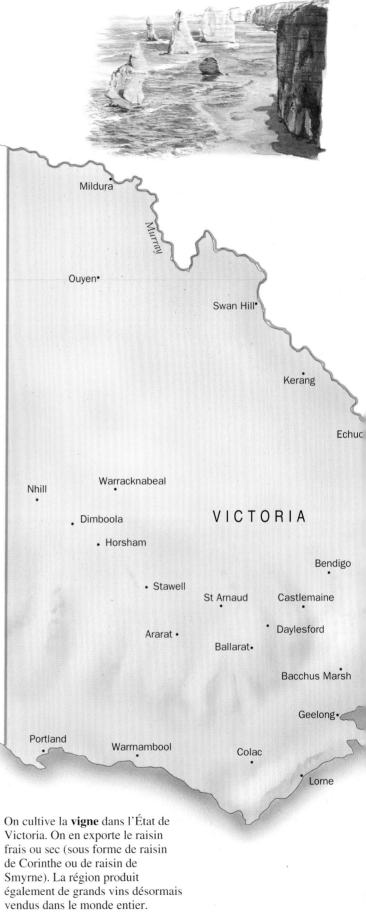

On cultive la **vigne** dans l'État de Victoria. On en exporte le raisin frais ou sec (sous forme de raisin de Corinthe ou de raisin de Smyrne). La région produit également de grands vins désormais vendus dans le monde entier.

Les **Douze Apôtres** sont un groupe de rochers de grès qui se sont détachés du littoral sous l'action incessante des vagues. Ils sont situés dans le sud-ouest du Victoria.

L'élevage du **mouton** occupe plus des deux cinquièmes des terres de l'État de Victoria. Cet État est un grand exportateur d'agneau (bêtes et viande) et de laine. Le bœuf et les produits laitiers sont également importants, et les principales cultures sont celles du blé et d'autres céréales, du foin et de la pomme de terre.

Le **fleuve Murray**, qui naît dans la chaîne montagneuse des Snowy Mountains, est le plus long cours d'eau à débit permanent d'Australie. L'aménagement du Murray sert à la production hydro-électrique et à l'irrigation des terres. Les touristes aiment emprunter les bateaux à vapeur qui sillonnent le fleuve.

Ned Kelly (1855-1880), natif de l'État de Victoria, était le plus célèbre des bushrangers, des bandits de la brousse australienne. Lui et sa bande s'étaient fabriqué des armures pour se protéger des tirs de fusil. Beaucoup de gens défavorisés en avaient fait leur héros.

Melbourne, deuxième ville du pays après Sydney, abrite près de 75 pour 100 de la population de l'État. Fondée en 1835 sur le Yarra, à l'embouchure de la baie de Port Phillip, elle est aujourd'hui un important centre commercial, financier et industriel.

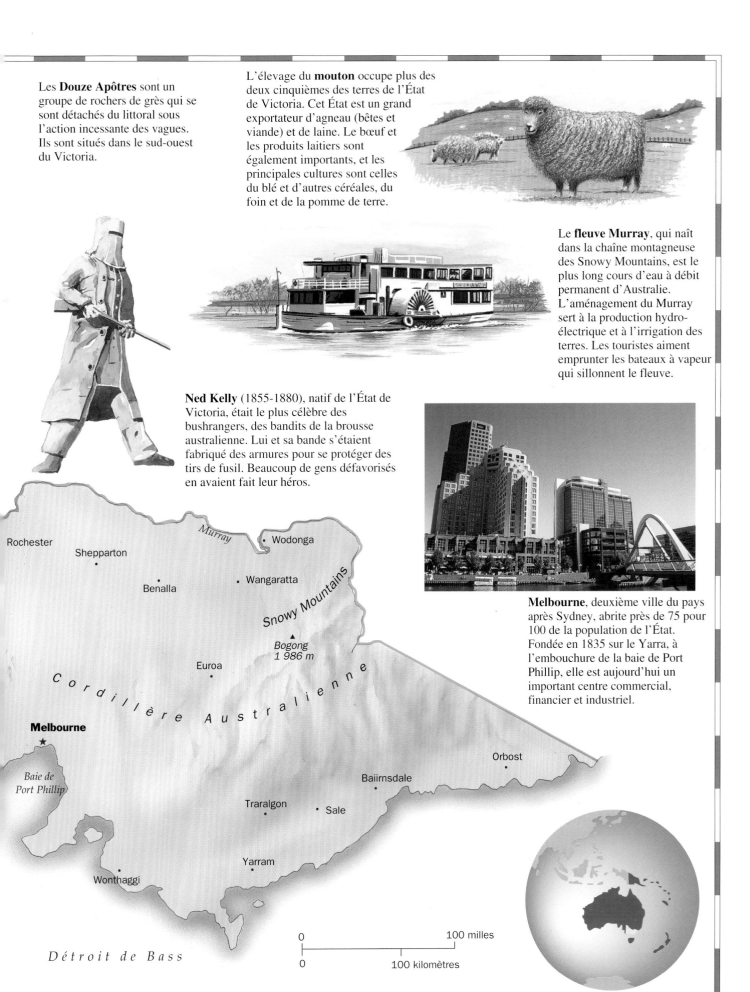

Rochester

Shepparton

Benalla

Euroa

Murray

Wodonga

Wangaratta

Snowy Mountains

▲ Bogong
1 986 m

Cordillère Australienne

Melbourne
★

*Baie de
Port Phillip*

Orbost

Baiirnsdale

Traralgon

Sale

Yarram

Wonthaggi

Détroit de Bass

0   100 milles

0   100 kilomètres

TASMANIE

La Tasmanie, le plus petit État australien, est séparé du continent par le détroit de Bass, d'une largeur de 240 km. Le navigateur hollandais Abel Tasman, qui aborda l'île en 1642, la baptisa « terre de Van Diemen », du nom du gouverneur des Indes orientales néerlandaises, mais la Grande-Bretagne la renomma Tasmanie en 1855.

La Tasmanie présente un relief montagneux et un climat tempéré humide. L'État possède d'importantes richesses minières, des forêts et des cours d'eau aménagés pour l'hydroélectricité. On y pratique l'élevage de bovins et d'ovins, et la culture des pommes et des pommes de terre.

TASMANIE

Superficie : 67 800 km²
Point culminant : Mont Ossa, 1 617 m
Population : 460 000
Capitale : Hobart (196 000 hab.)
Villes principales : Launceston (96 000 hab.)
Devonport (24 000 hab.)
Burnie (19 000 hab.)
Emblème floral : Eucalyptus commun
Emblème animal (officieux) : Diable de Tasmanie
Emblème aviaire (officieux) :
Perruche à ventre jaune

Des **barrages hydroélectriques** ont été aménagés sur de nombreux cours d'eau impétueux de la Tasmanie afin de tirer parti des fortes pluies qui les font gonfler. L'électricité alimente les industries métallurgiques (zinc, minerai de fer, cuivre et étain), du bois, du papier et des produits agricoles transformés.

Le navigateur hollandais **Abel Tasman** (1603-1659) a fait le tour de l'Australie en 1642 sans y débarquer. Il visita toutefois l'île qui porte maintenant son nom. Lors d'une deuxième expédition, en 1644, il explora certains secteurs des côtes septentrionale et occidentale de l'Australie.

King

• *Grassy*

Montagu • Stanley

Burnie

Ulverstone

Corinna •

Lac Mackintosh

Ossa 1 617 m

Queenstown •

OCÉAN INDIEN

Lac Pedder

L'eucalyptus commun est un bel arbre dont la fleur est l'emblème de l'État. Près de la moitié de la Tasmanie est recouverte de forêts. Le hêtre et le myrte commun abondent dans les zones les plus humides, tandis que l'eucalyptus se retrouve dans les régions recevant entre 76 et 150 mm de pluie.

La Tasmanie était autrefois surnommée « île de la **pomme** ». La culture de ce fruit a perdu de son importance depuis l'effondrement des marchés britanniques dans les années 1970, lors de l'adhésion de la Grande-Bretagne à la Communauté économique européenne (maintenant Union européenne ou UE). Cette adhésion s'est traduite par un affaiblissement des liens entre l'Australie et la Grande-Bretagne.

Le **diable de Tasmanie** est un marsupial féroce pouvant atteindre 1 m de longueur, queue comprise. Il se nourrit d'animaux vivants ou morts. Présent seulement en Tasmanie, il a toutefois déjà habité le continent australien. Un autre marsupial indigène de l'île, le loup de Tasmanie, est probablement disparu.

Hobart, capitale de la Tasmanie, est un port important situé sur l'estuaire du Derwent. La ville, fondée en 1804, était alors un port et un centre de dépeçage de la baleine. Aujourd'hui, ses industries produisent du ciment, de la pâte de bois et des produits métallurgiques.

La **Coupe Hobart** récompense le gagnant de la course de voiliers entre Sydney et Hobart qui a lieu le 26 décembre de chaque année. Les voiliers les plus rapides franchissent les 1 134 km, soit 630 milles marins, en moins de quatre jours. La première course s'est tenue en 1945.

Détroit de Bass

Palana

Flinders

Cap Barren

Mer de Tasman

George Town

Gladstone

Devonport

Tamar

Launceston

Macquarie

St Marys

Lac Great

Ross

Bronte

Swansea

Coles Bay

T A S M A N I E

Hamilton

Lac Gordon

Dunalley

Glenorchy

Derwent

Hobart ★

Bruny

0   50 milles

0   50 kilomètres

NOUVELLE-ZÉLANDE

Pays isolé, la Nouvelle-Zélande se situe à environ 1 600 km au sud-est de l'Australie. Elle a été d'abord peuplée par les Maoris, venus à Aotearoa, nom qu'ils avaient donné à la Nouvelle-Zélande, en provenance d'îles situées au nord-est, il y a plus de 1 200 ans. Le navigateur hollandais Abel Tasman est le premier Européen à avoir atteint ses côtes en 1642, sans toutefois s'y être installé.

En 1769, le capitaine James Cook a redécouvert les deux principales îles, qu'il a cartographiées, et les Britanniques ont commencé à venir y vivre à partir de 1814. Aujourd'hui, la plupart des Néo-Zélandais sont de souche britannique. Les Maoris sont environ 520 000, et 560 000 autres personnes ont un ancêtre maori.

L'élevage du mouton occupe une place importante dans ce pays qui compte plus de moutons que d'habitants. Les principaux produits sont le beurre, le fromage, la viande, surtout la viande d'agneau, et la laine. Aujourd'hui, l'industrie de la fabrication domine, particulièrement dans le domaine de la transformation alimentaire.

 NOUVELLE-ZÉLANDE

Superficie : 270 534 km²
Point culminant : Mont Cook (Aorangi en Maori) dans les Alpes néo-zélandaises, 3 764 m
Population : 3 761 000
Capitale : Wellington (335 000 hab.)
Villes principales : Auckland (998 000 hab.)
Dunedin (331 000 hab.)
Hamilton (159 000 hab.)
Hasting et Napier (114 000 hab.)
Palmerston North (74 000 hab.)
Langue officielle : Anglais
Religion : Chrétienne : 61 %
Gouvernement : Démocratie parlementaire (officiellement, monarchie constitutionnelle)
Monnaie : Dollar néo-zélandais

Le **kiwi** est cultivé principalement aux environs de la baie Plenty, sur l'Île du nord. Ce fruit, qui s'appelait autrefois groseille de Chine avant d'être renommé par les néo-zélandais, est exporté dans beaucoup de pays.

Mer de Tasman

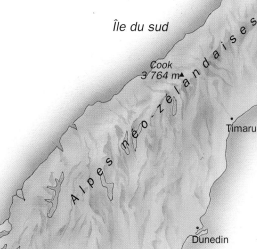

Île du sud

Cook 3 764 m

Alpes néo-zélandaises

Timaru

Dunedin

Invercargill

Île Stewart

Les **kiwis** sont des oiseaux qui ne volent pas et qui sont exclusifs à la Nouvelle-Zélande. C'est une espèce nocturne rarement visible. Ils vivent dans les forêts et fouillent le sol à la recherche de vers et d'insectes.

Les hakas, ou **chants de guerre** maoris, sont très connus. Ce sont des cris rythmés que lancent les guerriers maoris et les équipes de rugby. Un des ces chants bien connus, *Ka-mate*, aurait été écrit par le célèbre chef Te Rauparaha.

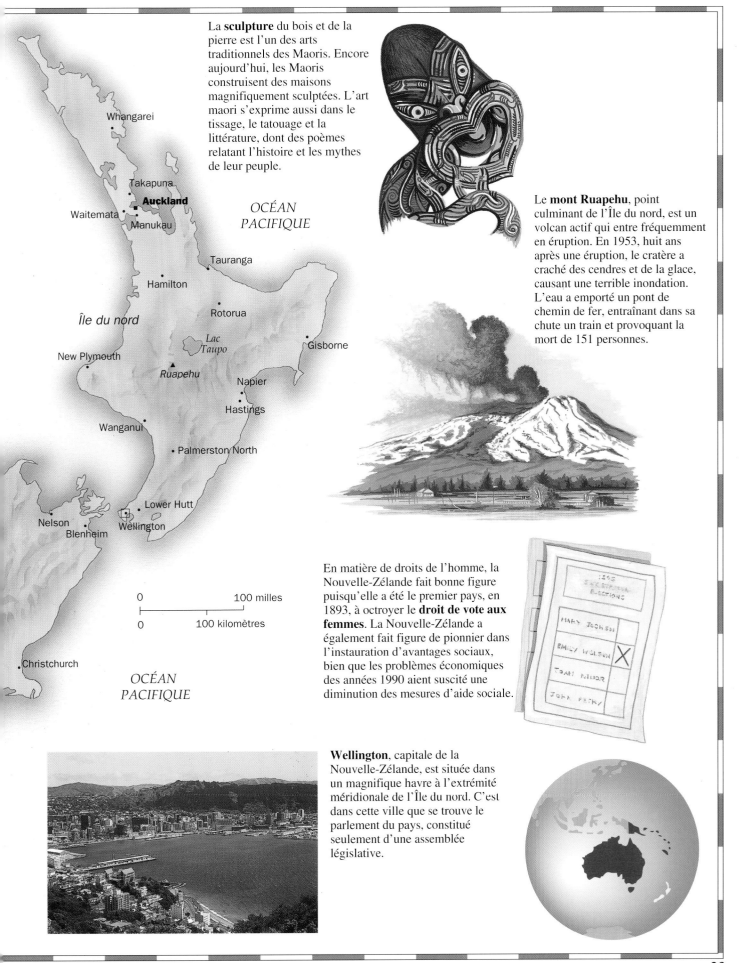

La **sculpture** du bois et de la pierre est l'un des arts traditionnels des Maoris. Encore aujourd'hui, les Maoris construisent des maisons magnifiquement sculptées. L'art maori s'exprime aussi dans le tissage, le tatouage et la littérature, dont des poèmes relatant l'histoire et les mythes de leur peuple.

Whangarei

Takapuna

Auckland

Waitemata

Manukau

OCÉAN PACIFIQUE

Tauranga

Hamilton

Île du nord

Rotorua

Lac Taupo

New Plymouth

Ruapehu

Gisborne

Napier

Hastings

Wanganui

Palmerston North

Lower Hutt

Nelson

Blenheim

Wellington

Christchurch

OCÉAN PACIFIQUE

```
0                100 milles
├──────┬──────┤
0                100 kilomètres
```

Le **mont Ruapehu**, point culminant de l'Île du nord, est un volcan actif qui entre fréquemment en éruption. En 1953, huit ans après une éruption, le cratère a craché des cendres et de la glace, causant une terrible inondation. L'eau a emporté un pont de chemin de fer, entraînant dans sa chute un train et provoquant la mort de 151 personnes.

En matière de droits de l'homme, la Nouvelle-Zélande fait bonne figure puisqu'elle a été le premier pays, en 1893, à octroyer le **droit de vote aux femmes**. La Nouvelle-Zélande a également fait figure de pionnier dans l'instauration d'avantages sociaux, bien que les problèmes économiques des années 1990 aient suscité une diminution des mesures d'aide sociale.

Wellington, capitale de la Nouvelle-Zélande, est située dans un magnifique havre à l'extrémité méridionale de l'Île du nord. C'est dans cette ville que se trouve le parlement du pays, constitué seulement d'une assemblée législative.

ÎLE DU NORD

L'Île du nord est la deuxième île de la Nouvelle-Zélande en termes de superficie. Le sud présente un relief montagneux et le centre est occupé par une région volcanique. Dans le nord, des péninsules s'avancent dans l'océan Pacifique. Le secteur volcanique comprend trois volcans actifs : le Ruapehu, le plus élevé, le Ngauruhoe et le Tongariro. Cette région abonde en geysers et en sources thermales. La majeure partie de l'Île du nord est issue des activités volcaniques des derniers quatre millions d'années.

Sur l'Île du nord se trouvent Wellington, la capitale du pays, et Auckland, la ville la plus importante et un centre de fabrication majeur.

North Cape

0   50 milles
0   50 kilomètres

Mer de Tasman

Whangarei

Dargaville

Auckland est la plus grande ville de Nouvelle-Zélande. Son climat semi-tropical et son mode de vie décontracté ont rapidement attiré un nombre croissant de personnes dont la plupart travaillent aujourd'hui au centre-ville, mais vivent dans les banlieues environnantes accessibles par de nombreuses autoroutes.

Golfe de Hauraki
Baies de la côte est
Takapuna
Auckland
Mount Roskill   Papatoetoe
Waitemata
Manukau
Papakura

Hamilton

L'élevage laitier est très important dans l'Île du nord, où se concentre la majorité des huit millions de bovins du pays. Le beurre et le fromage sont au premier rang des principaux produits laitiers de l'Île du nord et font partie des principales exportations de la Nouvelle-Zélande, qui exporte aussi du lait en poudre. L'Île du nord jouit d'un climat doux qui permet la culture de fruits subtropicaux, tels les avocats et les citrons.

New Plymouth

Wanganui

Egmont
2 518 m

Wanganui

Palmerston North

Le mont Egmont est un volcan inactif dont la dernière éruption remonte à 300 ans. Une légende maori raconte comment il s'est retrouvé isolé dans le sud-ouest de l'Île du nord à la suite d'une querelle amoureuse entre les monts Egmont (Taranaki, en maori) et Tongariro.

Porirua
Upper Hutt
Lower Hutt
Wellington
Détroit de Cook

OCÉAN
PACIFIQUE

Île de la
Grande Barrière

Péninsule de
Coromandel

Waihi

Baie Plenty

• Tauranga

Lac
Rotorua

Rotorua

Whakatane

Waikato

Lac
Taupo

Lac Waikaremoana

Gisborne

▲ Ngauruhoe
2 291 m

Ruapehu
2 796 m

Wairoa

Presqu'île Mahia

Napier

Hastings

OCÉAN
PACIFIQUE

Masterton

La **voile** attire beaucoup d'adeptes. La première régate du pays a eu lieu en 1841, à Wellington. La Régate d'Auckland, l'une des journées mondiales de navigation les plus importantes, s'est tenue pour la première fois en 1850.

Le **rugby** à XIII et le rugby traditionnel connaissent une grande popularité. Auckland, notamment, est un bastion du rugby à treize. L'équipe nationale de rugby de Nouvelle-Zélande s'appelle les All Blacks, parce que ses joueurs sont entièrement vêtus de noir.

Les **kauris** sont parmi les plus gros arbres du monde. Certains peuvent atteindre 45 m de hauteur et 20 m de circonférence. Autrefois, on les coupait en grand nombre pour leur bois, et de nombreux autres ont brûlé dans des feux de brousse. Aujourd'hui, la plupart de ces arbres sont protégés dans des forêts de l'État.

Les centrales électriques tirent profit de la **vapeur** qui s'échappe du sol des régions volcaniques pour produire de l'électricité. L'énergie hydroélectrique est également importante en Nouvelle-Zélande, comme en font foi les nombreuses centrales sur le Waikato, dans l'Île du nord.

ÎLE DU SUD

Dans les Alpes néo-zélandaises, dans l'Île du sud, se trouve le point culminant du pays, le mont Cook ou Aorangi, en maori, qui signifie « perceur de nuages ». Des rivières de glace occupent les hautes vallées des montagnes. Il y a très longtemps, ces glaciers atteignaient la mer, et ont creusé de profondes enclaves devenues des bras de mer que l'on appelle fjords.

Sur la côte centre-est de l'Île du sud s'étend la plaine de Canterburry, la principale région pour la culture céréalière. L'élevage est très important dans le sud-est. L'île Stewart, au sud de l'Île du sud, est la troisième île du pays en superficie.

L'Île du sud se prête bien à la culture de la **vigne** et compte beaucoup de vignobles dont le vin est exporté. On y cultive également des pommes, de l'orge, des poires, des pommes de terre, du blé et divers autres légumes.

Les **Alpes néo-zélandaises** sont une jeune chaîne de montagnes qui forme l'épine dorsale de l'Île du sud. Elles sont nées d'un soulèvement du plancher océanique il y a 10 ou 15 millions d'années. Des forêts sempervirentes recouvrent les pentes qu'occupent, en plus haute altitude, des glaciers et des champs de glace.

Milford Sound est l'un des nombreux fjords de la côte sud-ouest de la région du Fjordland et le seul accessible par route. De profonds bras de mer aux parois abruptes arrosées de centaines de chutes découpent toute la côte en un paysage grandiose.

Mer de Tasman

Baie Westland

Cook (Aorangi)
3 764 m

Lac Tekap

Lac Pukaki

Lac Benmore

Alpes néo-zélandaise du Sud

Milford Sound

Lac Hawea

Lac Wanaka

Waitaki

Queenstown

Lac Wakatipu

Lac Te Anau

Dunedin

Gore

Clutha

Invercargill

Détroit de Foveaux

Île Stewart

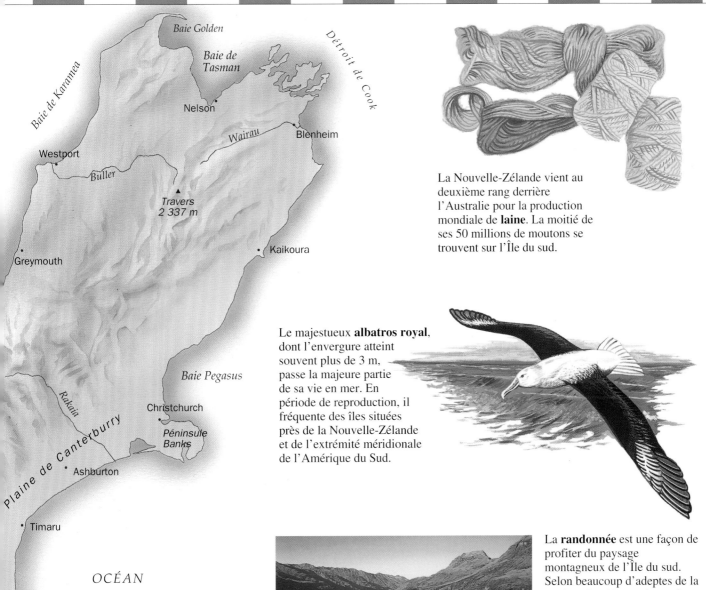

Baie Golden

Baie de Tasman

Détroit de Cook

Baie de Karamea

Nelson

Wairau

Blenheim

Westport

Buller

Travers
2 337 m

Greymouth

Kaikoura

Baie Pegasus

Rakaia

Christchurch

Péninsule Banks

Plaine de Canterburry

Ashburton

Timaru

OCÉAN
PACIFIQUE

Oamaru

La Nouvelle-Zélande vient au deuxième rang derrière l'Australie pour la production mondiale de **laine**. La moitié de ses 50 millions de moutons se trouvent sur l'Île du sud.

Le majestueux **albatros royal**, dont l'envergure atteint souvent plus de 3 m, passe la majeure partie de sa vie en mer. En période de reproduction, il fréquente des îles situées près de la Nouvelle-Zélande et de l'extrémité méridionale de l'Amérique du Sud.

La **randonnée** est une façon de profiter du paysage montagneux de l'Île du sud. Selon beaucoup d'adeptes de la randonnée pédestre, le sentier Milford, d'une longueur de 54 km, qui traverse Mackinnon Pass, est le plus beau du monde. Le tourisme est de plus en plus important en Nouvelle-Zélande.

Christchurch, la plus grande ville de l'Île du sud, est située en bordure de la plaine de Canterburry, l'une des principales régions agricoles et d'élevage ovins de la Nouvelle-Zélande. La ville compte beaucoup d'industries de transformation de produits agricoles. Sa fondation remonte à 1851.

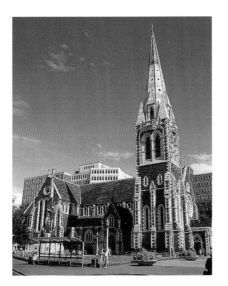

OCÉAN PACIFIQUE

Le Pacifique est le plus vaste et le plus profond des quatre océans de la planète. Il occupe près du tiers de la surface terrestre. Il s'étend depuis le détroit de Béring, qui le relie à l'océan Arctique glacial au nord, jusqu'à l'Antarctique, au sud. Il atteint sa largeur maximale de 24 000 km près de l'équateur, entre la péninsule de Malaisie et le Panama.

Le Pacifique comprend de nombreuses îles, dont certaines sont élevées et montagneuses, alors que d'autres sont de faible élévation et ont un relief plat. Les îles montagneuses sont des volcans actifs ou inactifs qui s'élèvent du plancher océanique. D'autres, comme les îles coralliennes, s'élèvent à quelques mètres seulement au-dessus du niveau de la mer. Les îles du Pacifique sont réparties en trois aires géographiques et culturelles : la Mélanésie, la Micronésie et la Polynésie.

OCÉAN PACIFIQUE
Superficie : 181 000 000 km²
Profondeur moyenne : 3 940 m
Point le plus profond : Fosse des Mariannes, 11 033 m

Ligne internationale de changement de date
Cette ligne imaginaire coïncide approximativement avec le méridien de 180 degrés de longitude qui traverse le Pacifique. Comme le temps se mesure à l'est et à l'ouest du méridien de Greenwich (0°) et change d'une heure tous les 15 degrés, la différence est de 24 heures au méridien de 180 degrés de longitude. Les voyageurs qui traversent la ligne d'ouest en est avancent d'une journée, et inversement, reculent d'une journée s'ils la traversent vers l'ouest.

Les **baleines** se rencontrent au large de nombreuses côtes du Pacifique. Ces mammifères impressionnants partagent leur vie entre les mers chaudes où elles donnent naissance à leurs petits et les mers froides qui regorgent de nourriture. Le rorqual bleu, le plus gros animal ayant habité la planète, est présent dans tous les océans, mais sa population régresse en raison de la chasse à la baleine.

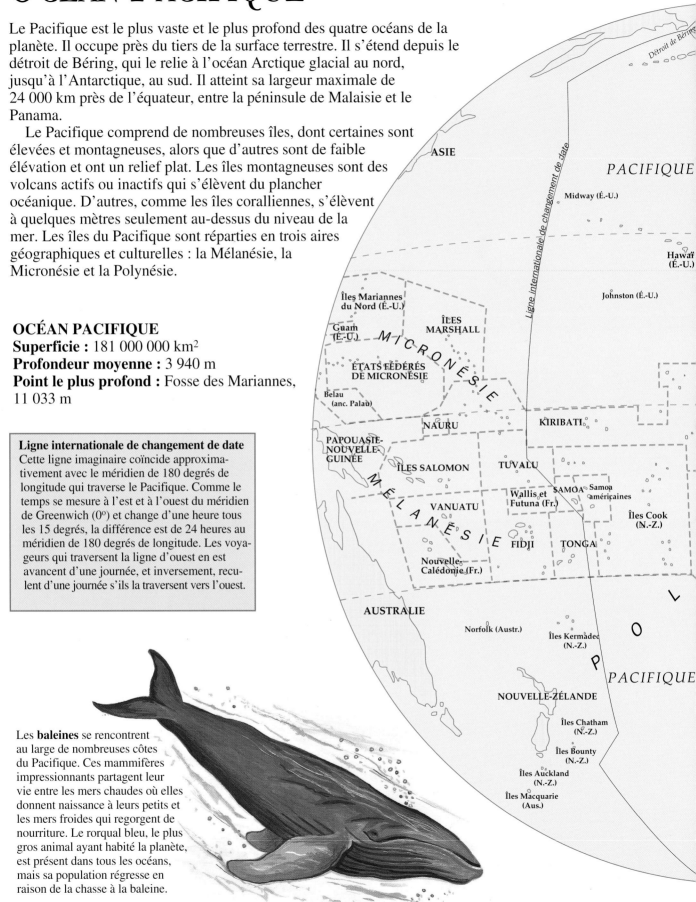

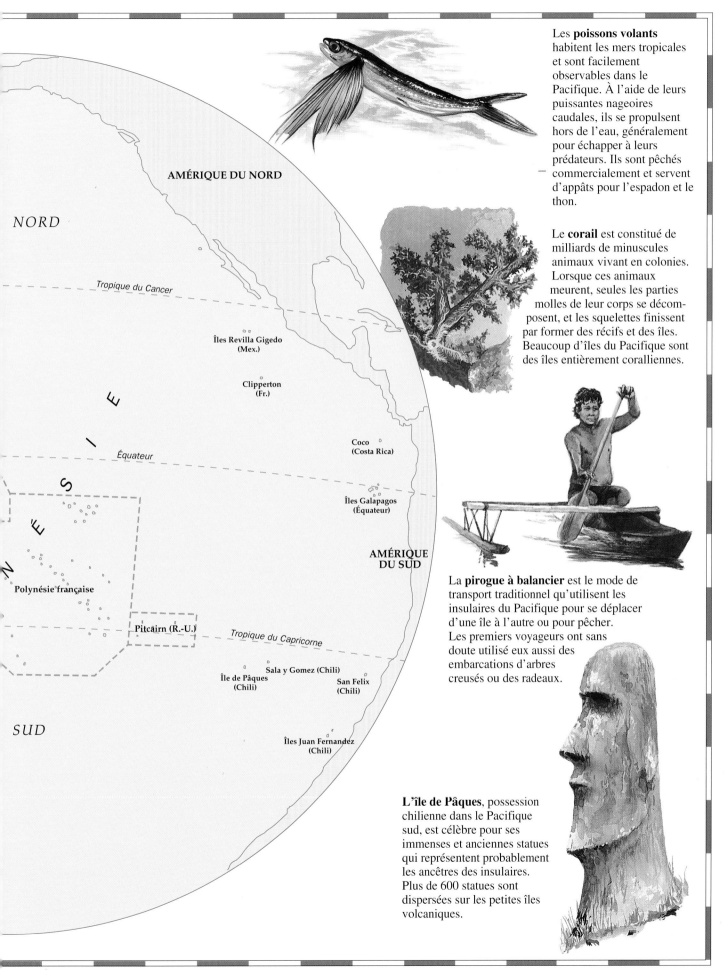

Les **poissons volants** habitent les mers tropicales et sont facilement observables dans le Pacifique. À l'aide de leurs puissantes nageoires caudales, ils se propulsent hors de l'eau, généralement pour échapper à leurs prédateurs. Ils sont pêchés commercialement et servent d'appâts pour l'espadon et le thon.

Le **corail** est constitué de milliards de minuscules animaux vivant en colonies. Lorsque ces animaux meurent, seules les parties molles de leur corps se décomposent, et les squelettes finissent par former des récifs et des îles. Beaucoup d'îles du Pacifique sont des îles entièrement coralliennes.

La **pirogue à balancier** est le mode de transport traditionnel qu'utilisent les insulaires du Pacifique pour se déplacer d'une île à l'autre ou pour pêcher. Les premiers voyageurs ont sans doute utilisé eux aussi des embarcations d'arbres creusés ou des radeaux.

L'**île de Pâques**, possession chilienne dans le Pacifique sud, est célèbre pour ses immenses et anciennes statues qui représentent probablement les ancêtres des insulaires. Plus de 600 statues sont dispersées sur les petites îles volcaniques.

NORD

AMÉRIQUE DU NORD

Tropique du Cancer

Îles Revilla Gigedo
(Mex.)

Clipperton
(Fr.)

Équateur

Coco
(Costa Rica)

Îles Galapagos
(Équateur)

AMÉRIQUE
DU SUD

Polynésie française

Pitcairn (R.-U.)

Tropique du Capricorne

Sala y Gomez (Chili)

Île de Pâques
(Chili)

San Felix
(Chili)

SUD

Îles Juan Fernandez
(Chili)

MÉLANÉSIE

La Mélanésie est un ensemble de quatre pays indépendants et de deux territoires. La Papouasie-Nouvelle-Guinée, de loin le plus grand, occupe l'extrémité orientale de l'île de Nouvelle-Guinée. La partie occidentale de l'île appartient à l'Indonésie, un pays de l'Asie. Les trois autres pays indépendants de la Mélanésie sont, par ordre décroissant de superficie, les îles Salomon, les îles Fidji et le Vanuatu. Ce dernier a déjà été un territoire sous contrôle commun de la Grande-Bretagne et de la France et se nommait alors les Nouvelles-Hébrides.

Les îles de la Papouasie-Nouvelle-Guinée comptent de nombreux **volcans**, dont beaucoup sont actifs. Ils forment une partie d'une région instable de la planète appelée le « cercle de feu » du Pacifique.

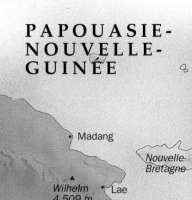

PAPOUASIE-NOUVELLE-GUINÉE

- Madang

Nouvelle-Bretagne

Wilhelm 4 509 m   • Lae

Golfe de Papouasie

Port Moresby

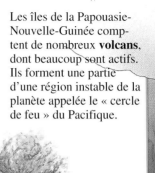

PAPOUASIE-NOUVELLE-GUINÉE

Superficie : 462 840 km^2
Point culminant : Mont Wilhelm, 4 509 m
Population : 4 501 000
Capitale: Port Moresby (193 000 hab.)
Langue officielle : Anglais
Religion : Chrétienne (protestante : 56 %, catholique : 32 %), croyances indigènes
Gouvernement : Monarchie constitutionnelle
Monnaie : Kina

Le **tourisme** constitue une source majeure de revenus pour la population des îles Fidji et d'ailleurs en Mélanésie. Beaucoup d'îles isolées du Pacifique comptent sur le développement de l'industrie touristique.

FIDJI

Superficie : 18 274 km^2
Point culminant : Mont Tomanivi, sur l'île Viti Levu, 1 323 m
Population : 815 000
Capitale et ville principale: Suva (167 000 hab.)
Langue officielle : Anglais
Religion : Chrétienne : 53 %, hindouiste : 38 %, islamique : 8 %
Gouvernement : République
Monnaie : Dollar fidjien

VANUATU

Superficie : 12 189 km^2
Point culminant : Mont Tabwemasana, 1 879 m
Population : 177 000
Capitale et ville principale : Port-Vila (19 000 hab.)
Langue officielle : Bichlamar, anglais, français
Religion : Chrétienne : 72 %
Gouvernement : République
Monnaie : Vatu

Territoires
Nouvelle-Calédonie (Territoire outre-mer français)
Île Norfolk (territoire australien), au sud de la Nouvelle-Calédonie

ÎLES SALOMON

Superficie : 28 896 km^2
Point culminant : Mont Makarakomburu, 2 447 m
Population : 403 000
Capitale et ville principale : Honiara (44 000 hab.)
Langue officielle : Anglais
Religion : Chrétienne : 97 %
Gouvernement : Monarchie constitutionnelle
Monnaie : Dollar des îles Salomon

L'activité minière est importante en Papouasie-Nouvelle-Guinée qui exporte du pétrole, du cuivre, de l'or et autres métaux. L'île de Bougainville abrite une immense mine de cuivre, dont les habitants ont réclamé la fermeture. Cela a donné lieu à une longue guerre civile qui a commencé à la fin des années 1980 et qui s'est poursuivie jusqu'à la signature d'un accord de paix en 1998.

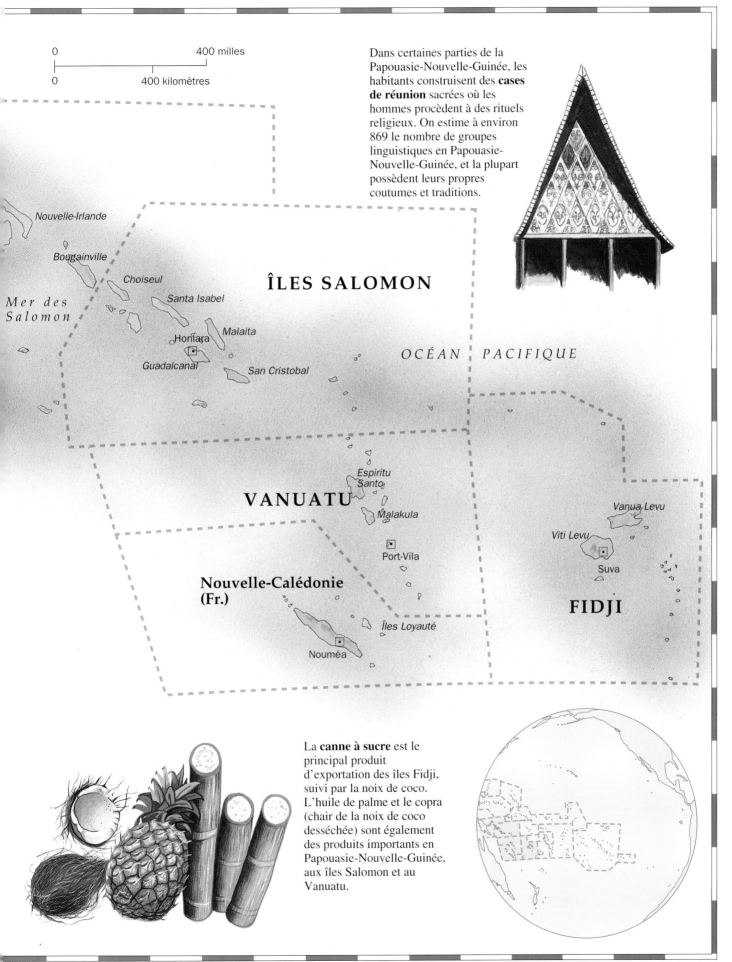

0 | 400 milles

0 | 400 kilomètres

Dans certaines parties de la Papouasie-Nouvelle-Guinée, les habitants construisent des **cases de réunion** sacrées où les hommes procèdent à des rituels religieux. On estime à environ 869 le nombre de groupes linguistiques en Papouasie-Nouvelle-Guinée, et la plupart possèdent leurs propres coutumes et traditions.

Nouvelle-Irlande

Bougainville

Choiseul

Mer des Salomon

Santa Isabel

ÎLES SALOMON

Honiara

Malaita

OCÉAN PACIFIQUE

Guadalcanal

San Cristobal

Espiritu Santo

VANUATU

Malakula

Vanua Levu

Viti Levu

Port-Vila

Suva

Nouvelle-Calédonie (Fr.)

FIDJI

Îles Loyauté

Nouméa

La **canne à sucre** est le principal produit d'exportation des îles Fidji, suivi par la noix de coco. L'huile de palme et le copra (chair de la noix de coco desséchée) sont également des produits importants en Papouasie-Nouvelle-Guinée, aux îles Salomon et au Vanuatu.

MICRONÉSIE

La micronésie comprend les îles du Pacifique au nord de la Mélanésie, qui sont plus de 2000. La plupart d'entre elles sont de petits récifs coralliens de faible altitude.

Le pays le plus grand de la Micronésie est la République de Kiribati (anciennement les îles Gilbert). Ce pays est indépendant depuis 1979. Les États fédérés de Micronésie et la République des îles Marshall sont d'anciens territoires américains, devenus indépendants en 1991. La République du Belau (anc. Palau), indépendante depuis 1994, constitue également une autre forme de territoire associé aux États-Unis. La minuscule République de Nauru est indépendante depuis 1968.

Les **requins** sont communs dans les eaux chaudes du Pacifique central. On en compte environ 350 espèces, toutes carnivores, qui sont pour la plupart petites et craintives. Seules quelques-unes plus grosses mangent de gros poissons, et très peu sont de taille suffisante pour attaquer l'homme.

KIRIBATI

Superficie : 726 km^2
Point culminant : 81 m, sur l'île de Banaba
Population : 83 000
Capitale et ville principale : Bairiki, sur l'atoll de Tarawa (25 000 hab.)
Langues officielles : Anglais
Religion : Chrétienne
Gouvernement : République
Monnaie : Dollar australien

RÉPUBLIQUE DES ÎLES MARSHALL

Superficie : 181 km^2
Point culminant : 10 m, sur l'île Likiep
Population : 60 000
Capitale et ville principale : Dalap-Uliga-Darrit sur l'atoll de Majuro (28 000 hab.)
Langues officielles : Anglais
Religion : Chrétienne
Gouvernement : République
Monnaie : Dollar américain

ÉTATS FÉDÉRÉS DE MICRONÉSIE

Superficie : 702 km^2
Point culminant : Totolom, 791 m
Population : 111 000
Capitale et ville principale : Palikir, sur l'île Pohnpei
Langue officielle : Anglais
Religion : Chrétienne
Gouvernement : République fédérale
Monnaie : Dollar américain

BELAU (ANC. PALAU)

Superficie : 459 km^2
Point culminant : Mont Ngerchelchauus, 242 m
Population : 17 000
Capitale et ville principale : Koror (12 000 hab.)
Langues officielles : Palauan, anglais
Religion : Chrétienne
Gouvernement : République
Monnaie : Dollar américain

NAURU

Superficie : 21 km^2
Point culminant : 61 m
Population : 10 000
Capitale: Aucune, bureaux gouvernementaux à Yaren
Langue officielle : Nauru
Religion : Chrétienne
Gouvernement : République
Monnaie : Dollar australien

Territoires
Guam (É.-U.)
Îles Mariannes septentrionales (R.-U.)
Île Wake (possession des É.-U.)

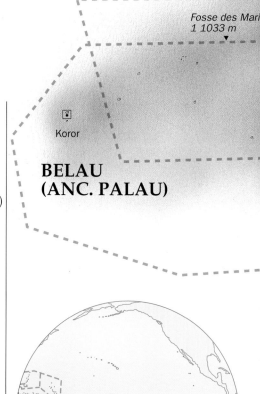

Fosse des Mari
1 1033 m

Koror

BELAU (ANC. PALAU)

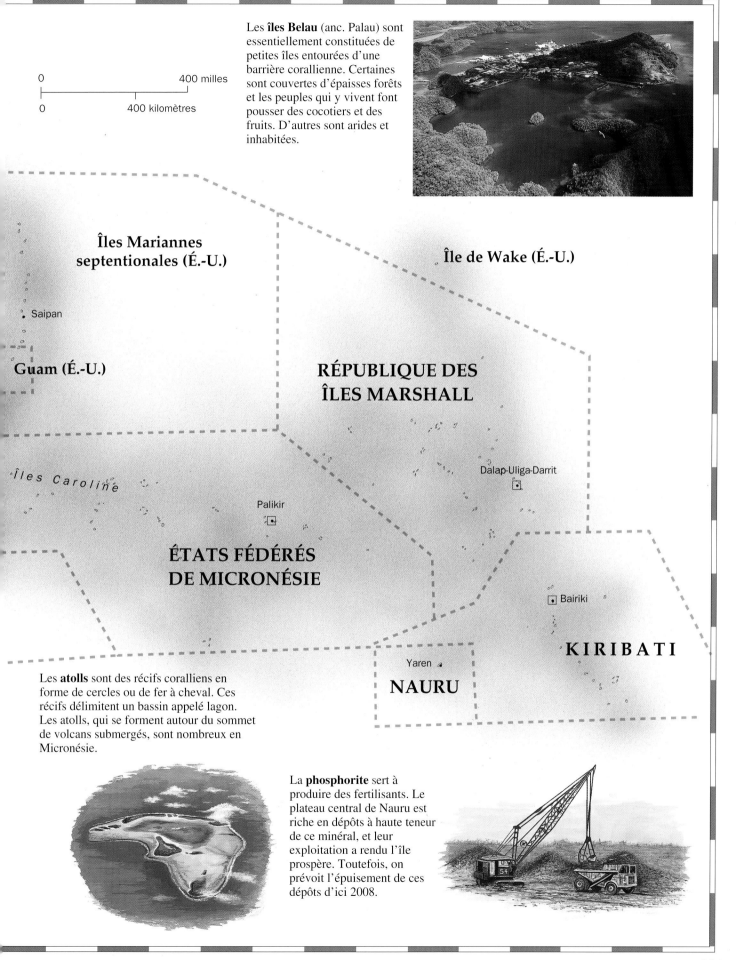

Les **îles Belau** (anc. Palau) sont essentiellement constituées de petites îles entourées d'une barrière corallienne. Certaines sont couvertes d'épaisses forêts et les peuples qui y vivent font pousser des cocotiers et des fruits. D'autres sont arides et inhabitées.

0 — 400 milles

0 — 400 kilomètres

Îles Mariannes septentionales (É.-U.)

Saipan

Île de Wake (É.-U.)

Guam (É.-U.)

RÉPUBLIQUE DES ÎLES MARSHALL

Îles Caroline

Dalap-Uliga-Darrit

Palikir

ÉTATS FÉDÉRÉS DE MICRONÉSIE

Bairiki

KIRIBATI

Yaren

NAURU

Les **atolls** sont des récifs coralliens en forme de cercles ou de fer à cheval. Ces récifs délimitent un bassin appelé lagon. Les atolls, qui se forment autour du sommet de volcans submergés, sont nombreux en Micronésie.

La **phosphorite** sert à produire des fertilisants. Le plateau central de Nauru est riche en dépôts à haute teneur de ce minéral, et leur exploitation a rendu l'île prospère. Toutefois, on prévoit l'épuisement de ces dépôts d'ici 2008.

POLYNÉSIE

La Polynésie couvre une vaste étendue dans l'océan Pacifique, entre l'île Midway, au nord, la Nouvelle-Zélande, au sud-ouest, et l'île de Pâques, au sud-est.

Cette immense région océanique comprend trois pays indépendants et plusieurs territoires, dont la liste figure ci-dessous. Le pays le plus grand est Samoa, appelé autrefois Samoa occidental. Samoa appartenait auparavant à la Nouvelle-Zélande, mais a obtenu son indépendance en 1962. Tonga, qui consiste en plus de 170 îles, était un protectorat britannique jusqu'à son indépendance, en 1970. Tuvalu, auparavant connu sous le nom d'îles Ellice, est indépendant depuis 1978.

SAMOA

Superficie : 2 813 km²
Point culminant : Mauga Silisli, 1 858 m
Population : 174 000
Capitale et ville principale : Apia (34 000 hab.)
Langues officielles : Samoan, anglais
Religion : Chrétienne
Monnaie : Tala

TONGA

Superficie : 717 km²
Point culminant : Mont Kao, 1 033 m
Population : 98 000
Capitale et ville principale : Nuku'alofa (21 000 hab.)
Langues officielles : Tongan, anglais
Religion : Chrétienne
Gouvernement : Monarchie constitutionnelle
Monnaie : Pa'anga

TUVALU

Superficie : 26 km²
Point culminant : 4,6 m à Niulakita
Population : 10 500
Capitale et ville principale : Fongafale à Funafuti (4 000 hab.)
Langue officielle : aucune
Religion : Chrétienne
Gouvernement : Monarchie constitutionnelle
Monnaie : Dollar tuvalu

On retrouve des **tortues de mer** dans tout l'océan Pacifique. Les femelles passent leur vie dans l'eau et ne retournent sur la terre ferme que pour y pondre leurs œufs. Les mâles ne quittent généralement plus l'océan une fois qu'ils y sont parvenus après leur naissance. La plupart des espèces de tortues de mer sont menacées d'extinction.

Les **coquillages** sont très prisés des insulaires du Pacifique qui en mangent l'intérieur et en font des bijoux et des ornements qu'ils vendent aux touristes. Autrefois, ils servaient de monnaie et des collectionneurs payent aujourd'hui encore de fortes sommes pour se procurer les coquillages les plus rares des profondeurs.

Territoires

Samoa américaines (É.-U.)
Îles Cook (territoire autonome associé à la Nouvelle-Zélande)
Île de Pâques (dépendance du Chili)
Polynésie française (territoire outre-mer français)
Île Midway (É.-U.)
Niue (Nouvelle-Zélande)
Îles Pitcairn (territoire outre-mer britannique)
Tokelau (territoire de la Nouvelle-Zélande)
Îles Wallis et Futuna (territoire outre-mer français)

Hawaï (É.-U.)

Île Midway (É.-U.)

Île Johnston (É.-U.)

Île Phœnix

TUVALU
Fongafale •

Tokelau (N.-Z.)

Îles Wallis et Futuna (Fr.)

SAMOA Samoa américaines
Apia (É.-U.)

TONGA
Nuku'alofa
•

Niue (N.-Z.)

Ligne internationale de changement de date

NOUVELLE-ZÉLANDE

**Hawaï
(É.-U.)**

Les **fleurs** abondent sous les tropiques et les insulaires s'en servent comme parures. Dans de nombreuses îles de Polynésie, les visiteurs se voient offrir des guirlandes de fleurs en signe de bienvenue. Les Polynésiens sont renommés pour leur hospitalité et leur gentillesse.

Île Kintimati

Île Line

KIRIBATI

0 _____ 500 milles

0 _____ 500 kilomètres

Îles Marquise

**Îles Cook
(N.-Z.)**

Île Society

Îles Tuamotu

Tahiti

Polynésie française

**Pitcairn
(É.-U.)**

William Bligh (1754-1817) était le capitaine du Bounty lorsque éclata la mutinerie désormais fameuse, au large de Tonga. Il fut abandonné avec ses compagnons par les mutins qui mirent le cap sur Pitcairn où leurs descendants vivent encore. Avant la mutinerie, Bligh s'était arrêté dans cette île pour ramasser des fruits d'arbres à pain.

**Île de Pâques
(Chili)**

La pulpe des **fruits de l'arbre à pain**, un arbre qui pousse dans les îles tropicales du Pacifique, a le goût et la texture du pain. Elle peut être cuite au four ou à l'eau ou frite. La banane, la noix de coco, la patate douce et le chou-chine poussent également en Polynésie.

PEUPLES ET CROYANCES

L'Australie, la Nouvelle-Zélande et les îles du Pacifique couvrent une vaste étendue, mais ne comprennent que 0,5 pour 100 de la population mondiale. La majeure partie de cette région, y compris de grandes portions de l'intérieur de l'Australie, est très peu peuplée, voire totalement inhabitée. Beaucoup d'Australiens vivent le long des côtes est, sud-est et sud-ouest dans de grandes villes, dont Sydney, Melbourne, Brisbane, Adélaïde et Perth. La Papouasie-Nouvelle-Guinée est pour la plus grande part couverte de forêts tropicales très peu peuplées. La Nouvelle-Zélande accueille la population la plus dense, avec ses terres fertiles et ses grandes agglomérations.

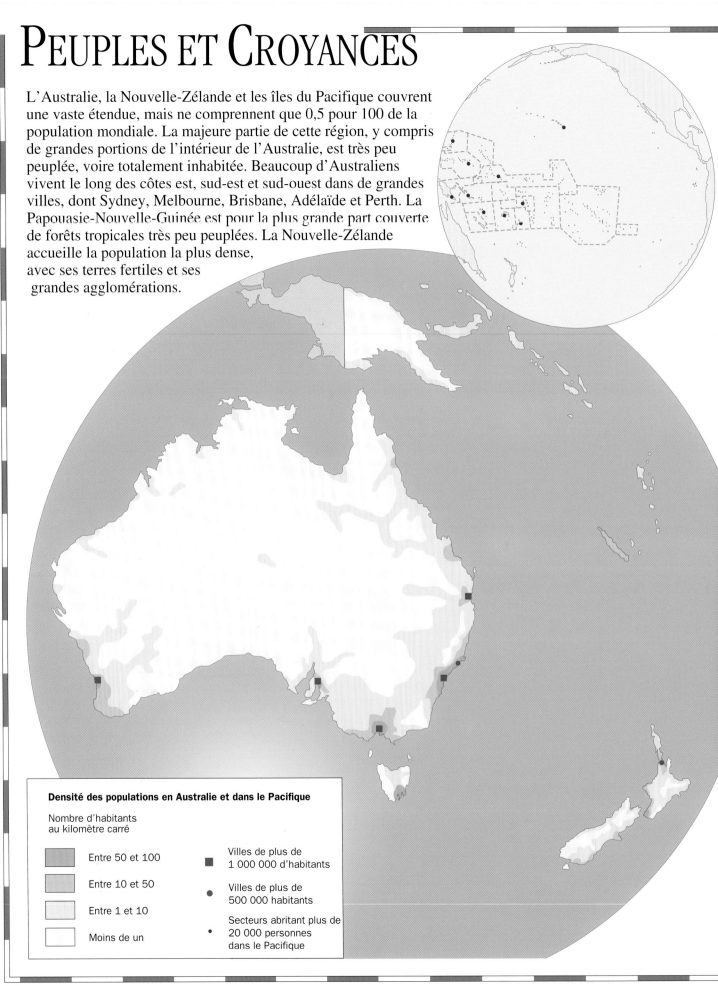

Densité des populations en Australie et dans le Pacifique

Nombre d'habitants au kilomètre carré

Entre 50 et 100

Entre 10 et 50

Entre 1 et 10

Moins de un

■ Villes de plus de 1 000 000 d'habitants

● Villes de plus de 500 000 habitants

• Secteurs abritant plus de 20 000 personnes dans le Pacifique

Population et superficie

L'Australie, le plus petit des continents, représente 91 pour 100 de la région du Pacifique. Elle comprend également plus de 60 pour 100 de sa population totale. La Papouasie-Nouvelle-Guinée et la Nouvelle-Zélande se classent respectivement deuxième et troisième tant en superficie qu'en nombre d'habitants. Certaines populations des petites îles du Pacifique, comme Fidji, Samoa, Tonga et Tuvalu, sont bien plus densément peuplées que les trois autres pays.

Pourcentage de la population de l'Australie et du Pacifique par pays

AUSTRALIE 65 %
PAPOUASIE-NOUVELLE-GUINÉE 16 %
NOUVELLE-ZÉLANDE 13 %
FIDJI 3 %
ÎLES SALOMON 1.5 %
TOUS LES AUTRES PAYS 1.5 %

AUSTRALIE 91 %
PAPOUASIE-NOUVELLE-GUINÉE 5 %
NOUVELLE-ZÉLANDE 3 %
TOUS LES AUTRES PAYS 1%

Pourcentage de la superficie par pays

Religions principales

Avant l'arrivée des missionnaires européens à la fin du XVIIIe siècle, la plupart des habitants de l'Australie et du Pacifique pratiquaient des religions ancestrales basées sur la croyance aux esprits et en des dieux multiples. De nombreuses légendes expliquent la création du monde par les dieux et la façon dont ces derniers entrent en communication avec les gens durant les cérémonies religieuses.

En Australie, par exemple, les peuples aborigènes croyaient que le monde avait été créé par des dieux et des déesses durant une époque appelée Temps du Rêve, et que les esprits de ces dieux étaient fondus dans la nature et pouvaient être invoqués au moyen de rituels.

Les missionnaires chrétiens ont farouchement lutté contre ces croyances et, aujourd'hui, la plupart des habitants sont chrétiens. On peut deviner leur origine par la religion qu'ils pratiquent. En effet, la plupart des gens d'origine irlandaise, française ou italienne appartiennent à l'Église catholique, alors que les personnes d'origine britannique sont généralement anglicans. Les immigrants en provenance d'Asie sont le plus souvent musulmans, hindous ou bouddhistes.

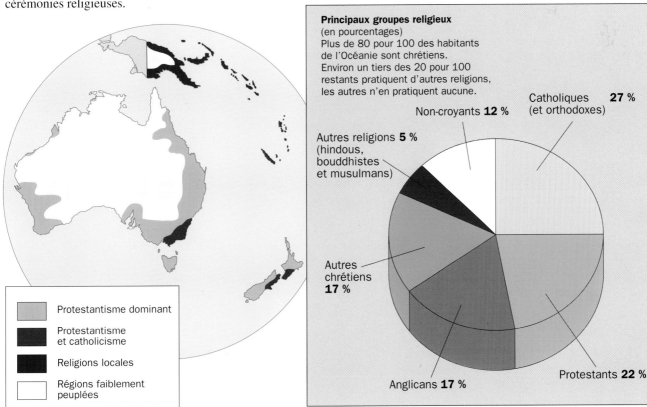

Protestantisme dominant

Protestantisme et catholicisme

Religions locales

Régions faiblement peuplées

Principaux groupes religieux
(en pourcentages)
Plus de 80 pour 100 des habitants de l'Océanie sont chrétiens. Environ un tiers des 20 pour 100 restants pratiquent d'autres religions, les autres n'en pratiquent aucune.

Non-croyants **12 %**

Catholiques **27 %** (et orthodoxes)

Autres religions **5 %** (hindous, bouddhistes et musulmans)

Autres chrétiens **17 %**

Anglicans **17 %**

Protestants **22 %**

Climat et Végétation

La Papouasie-Nouvelle-Guinée, les îles Salomon, Vanuatu et beaucoup d'autres îles du Pacifique sont situées sous les tropiques. Le climat y est chaud, avec souvent des précipitations abondantes, et la forêt tropicale humide couvre la majeure partie du territoire. Le climat de la partie septentrionale de l'Australie est également tropical : il comprend une saison chaude et humide (de novembre à avril) et une saison chaude et sèche (de mai à octobre). L'intérieur de l'Australie est sec. On y retrouve des déserts et des prairies sèches. Le sud de l'Australie jouit de quatre saisons, parmi lesquelles l'hiver reçoit la majeure partie des précipitations. La Nouvelle-Zélande a un climat tempéré pluvieux, sauf dans les montagnes de l'Île du sud, qui connaissent des hivers froids et neigeux. Le climat est plus doux dans l'Île du nord que dans l'Île du sud.

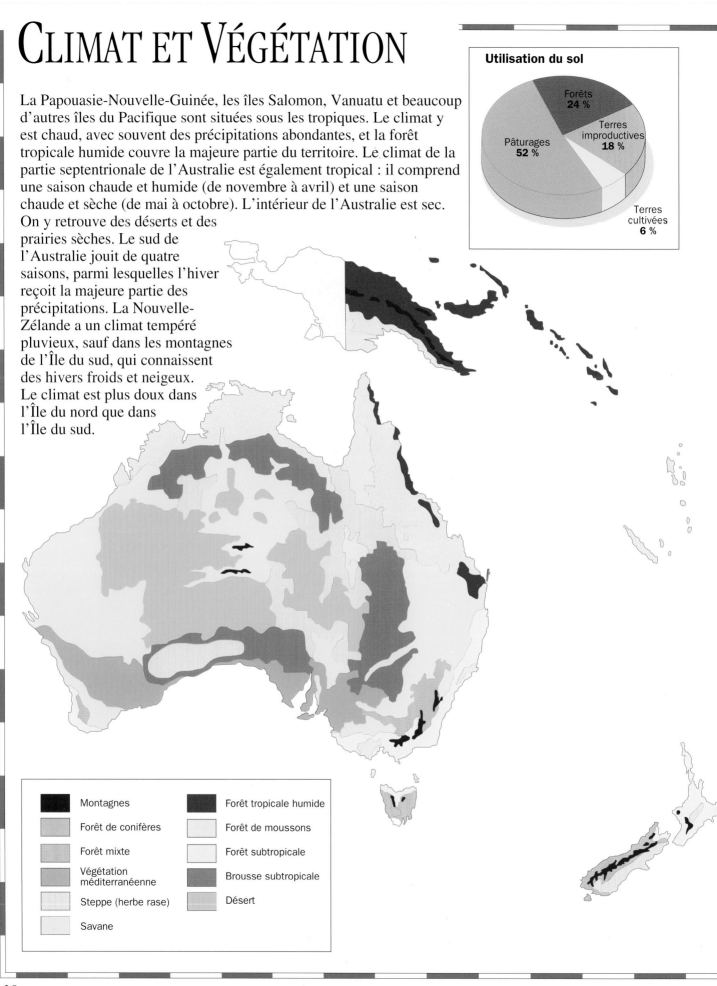

Utilisation du sol

- Forêts 24 %
- Terres improductives 18 %
- Pâturages 52 %
- Terres cultivées 6 %

Légende :

- Montagnes
- Forêt de conifères
- Forêt mixte
- Végétation méditerranéenne
- Steppe (herbe rase)
- Savane
- Forêt tropicale humide
- Forêt de moussons
- Forêt subtropicale
- Brousse subtropicale
- Désert

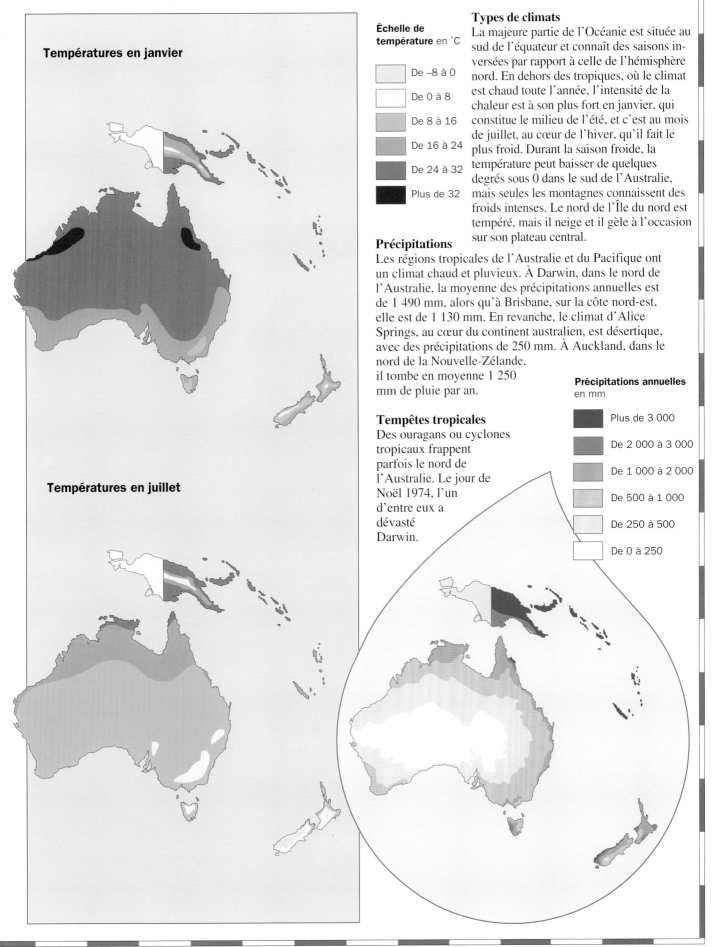

Températures en janvier

Températures en juillet

Échelle de température en °C

De –8 à 0

De 0 à 8

De 8 à 16

De 16 à 24

De 24 à 32

Plus de 32

Types de climats

La majeure partie de l'Océanie est située au sud de l'équateur et connaît des saisons inversées par rapport à celle de l'hémisphère nord. En dehors des tropiques, où le climat est chaud toute l'année, l'intensité de la chaleur est à son plus fort en janvier, qui constitue le milieu de l'été, et c'est au mois de juillet, au cœur de l'hiver, qu'il fait le plus froid. Durant la saison froide, la température peut baisser de quelques degrés sous 0 dans le sud de l'Australie, mais seules les montagnes connaissent des froids intenses. Le nord de l'Île du nord est tempéré, mais il neige et il gèle à l'occasion sur son plateau central.

Précipitations

Les régions tropicales de l'Australie et du Pacifique ont un climat chaud et pluvieux. À Darwin, dans le nord de l'Australie, la moyenne des précipitations annuelles est de 1 490 mm, alors qu'à Brisbane, sur la côte nord-est, elle est de 1 130 mm. En revanche, le climat d'Alice Springs, au cœur du continent australien, est désertique, avec des précipitations de 250 mm. À Auckland, dans le nord de la Nouvelle-Zélande, il tombe en moyenne 1 250 mm de pluie par an.

Tempêtes tropicales

Des ouragans ou cyclones tropicaux frappent parfois le nord de l'Australie. Le jour de Noël 1974, l'un d'entre eux a dévasté Darwin.

Précipitations annuelles en mm

Plus de 3 000

De 2 000 à 3 000

De 1 000 à 2 000

De 500 à 1 000

De 250 à 500

De 0 à 250

ÉCOLOGIE ET ENVIRONNEMENT

Il y a environ 200 millions d'années, il n'existait qu'un seul continent. Mais depuis 180 millions d'années, cet immense continent s'est morcelé et l'Australie a été isolée du reste du monde. C'est pourquoi les plantes et les animaux y ont évolué différemment. Aucun des mammifères indigènes de cette île ne donne naissance à des petits pleinement formés comme dans les autres continents. La chasse et l'agriculture pratiquées par les premiers habitants ont modifié le territoire, mais leur effet est infime comparativement aux transformations induites par les Européens. La colonisation européenne au cours des deux derniers siècles a gravement endommagé les milieux fragiles de l'Australie, de la Nouvelle-Zélande et des îles du Pacifique.

Après de vigoureuses protestations de la part de groupes de pression et de gouvernements, les essais nucléaires ont été abolis dans le Pacifique, mais personne ne sait quelles seront les répercussions écologiques à long terme des essais qui y ont été effectués.

Dommages causés à la terre et à la mer

▨	Désert actuel
▨	Zones menacées de désertification
▨	Forêt tropicale actuelle
▨	Forêt tropicale gravement endommagée
▨	Mers les plus polluées
—	Cours d'eau les plus pollués
☢	Anciens sites d'essais nucléaires
—	Côtes menacées par le réchauffement de la planète
⬭	Groupes d'îles menacées de disparition du fait du réchauffement de la planète

Îles menacées d'engloutissement

La pollution de l'air entraîne le réchauffement de la planète. Ce réchauffement pourrait provoquer la fonte des glaces recouvrant l'Antarctique et d'autres régions, ce qui aura pour effet de hausser le niveau des mers et d'engloutir les îles peu élevées du Pacifique. De fait, deux petites îles de Kiribati ont déjà disparu et les îles Marshall, Tokelau et Tuvalu, de même que les régions côtières de l'Australie, sont menacées par la hausse du niveau de l'océan.

Dommages causés à l'environnement

Les méthodes d'agriculture européennes ont détérioré la qualité du sol. Dans les régions sèches, les immenses troupeaux de bœufs et de moutons ont détruit la végétation, transformant les prairies en désert. La coupe forestière est responsable de la disparition des trois quarts de la forêt tropicale australienne, et plus d'un tiers des zones boisées du pays a été coupé ou gravement endommagé. Cette destruction a entraîné l'extinction de nombreuses espèces animales.

Les colons européens ont introduit imprudemment plusieurs espèces animales et végétales d'Europe. Ainsi, des lapins relâchés dans le milieu naturel ont rasé la végétation et contribué à la désertification de régions entières. D'autres mammifères qui n'existaient pas auparavant sur le continent, comme le renard et le chat, ont chassé les espèces indigènes et favorisé leur extinction.

L'une des merveilles de la nature la plus connue au monde, la Grande Barrière, est aujourd'hui menacée par la pollution et les dommages causés par les nombreux touristes venus l'admirer.

En outre, l'Australie et certaines îles du Pacifique qui ont été le site d'essais nucléaires souffrent des effets de la radioactivité.

Catastrophes naturelles

Des tremblements de terre et des éruptions volcaniques se produisent dans une zone allant de la Papouasie-Nouvelle-Guinée jusqu'à Vanuatu, en passant par les îles Salomon, comprise dans ce qu'on appelle le « cercle de feu ». Des tempêtes, des sécheresses et des feux de brousse pertubent également cette région.

La Grande Barrière, l'un des écosystèmes les plus riches du monde, est périodiquement menacée par une astérie appelée « couronne d'épines » qui s'attaque au corail. Les scientifiques cherchent encore à comprendre ce qui provoque les poussées démographiques de cette astérie.

Catastrophes naturelles

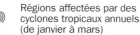	Risques de tremblement de terre
▲	Volcans actifs
◉	Régions affectées par des cyclones tropicaux annuels (de janvier à mars)
✸	Sécheresses récentes
◣	Régions récemment touchées par d'importants feux de brousse

Espèces menacées

Le rythme d'extinction des mammifères est plus élevé en Australie que partout ailleurs dans le monde. L'une des espèces éteintes les plus connues est le loup marsupial ou tigre de Tasmanie, que les agriculteurs ont chassé jusqu'à son extermination afin de protéger leurs troupeaux. En Nouvelle-Zélande, le moa, un oiseau coureur, a également disparu du fait de la surchasse qu'en ont fait les peuples de Polynésie. Beaucoup d'extinctions se sont produites dans les îles du Pacifique.

Aujourd'hui, la protection de l'environnement constitue un enjeu majeur. En Australie, le Service des Parcs nationaux et de la faune tente de ralentir le rythme d'extinction qui a prévalu depuis 200 ans. De son côté, la Nouvelle-Zélande protège désormais la plupart de ses espèces indigènes. Dans ces pays, des milliers de personnes ont manifesté contre les développements pouvant menacer l'environnement.

Quelques espèces menacées

Oiseaux
Akiapolaau
Perruche de terre (Australie)
Échasse blanche
Kagou (N.-Z.)
Kakapo (N.-Z.)
Albatros à queue courte (Pacifique)

Mammifères et reptiles
Rat-kangourou à queue en brosse (Australie)
Oppossum de Leadbeater
Wombat à narines poilues (Australie)
Fourmilier marsupial (Australie)
Sphénodon ponctué (N.-Z.)

Tuatara

Arbres et plantes
Kauri (N.-Z.)

ÉCONOMIE

L'Australie et la Nouvelle-Zélande sont des pays prospères, mais la majorité des îles du Pacifique sont beaucoup moins développées. Jusqu'à il y a environ 50 ans, l'économie de toute la région était basée sur l'agriculture. L'Australie et la Nouvelle-Zélande étaient des producteurs majeurs de produits laitiers, notamment de beurre et de fromage, mais également de mouton, de sucre, de blé et de laine. D'énormes quantités de ces produits étaient vendues aux pays industrialisés d'Europe.

L'Australie est en outre un producteur majeur de minéraux. Aujourd'hui, on y exploite des mines de bauxite, de charbon, de cuivre, de diamants, de manganèse, de nickel, d'argent, d'étain, de tungstène et de zinc, ainsi que des gisements de pétrole et de gaz naturel. Ces minéraux sont exportés vers des pays industrialisés de l'Asie de l'Est, notamment le Japon.

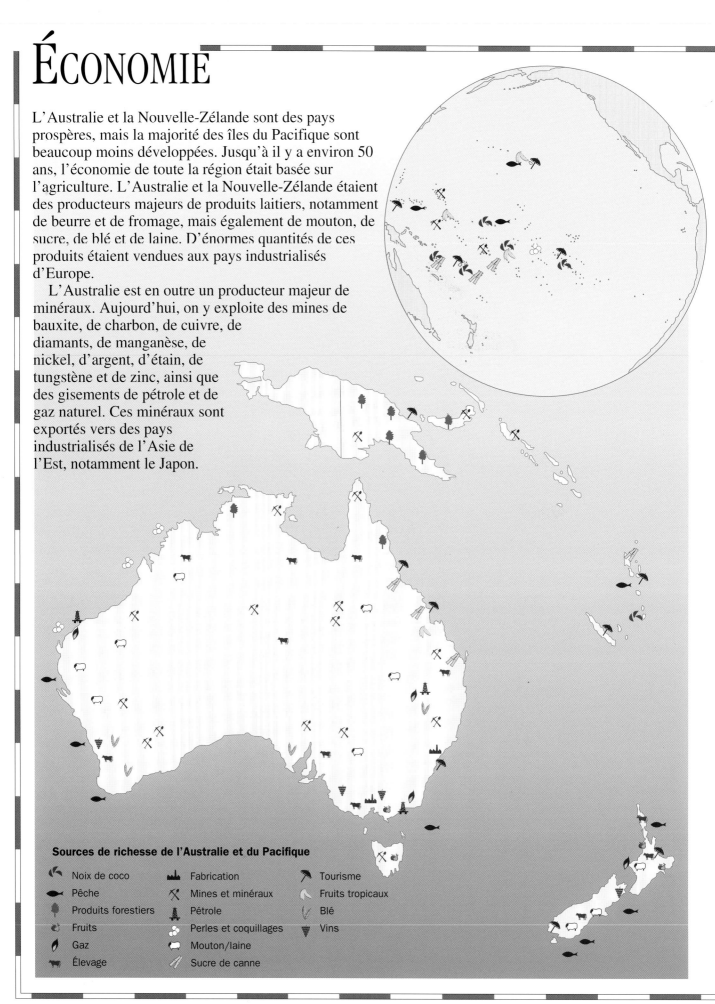

Sources de richesse de l'Australie et du Pacifique

Noix de coco	Fabrication	Tourisme
Pêche	Mines et minéraux	Fruits tropicaux
Produits forestiers	Pétrole	Blé
Fruits	Perles et coquillages	Vins
Gaz	Mouton/laine	
Élevage	Sucre de canne	

Produit national brut

Pour pouvoir comparer l'économie des différents pays, les experts calculent le produit national brut (PNB) de chaque pays en dollars américains. Le PNB est la valeur totale de tous les biens et services produits dans un pays chaque année. Le graphique circulaire de droite montre qu'en 1997, l'Australie avait le PNB le plus élevé, équivalant à environ un vingtième de celui des États-Unis. Viennent ensuite la Nouvelle-Zélande, la Papouasie-Nouvelle-Guinée et Fidji.

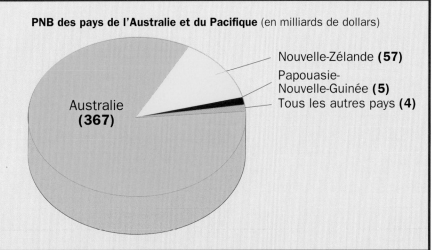

PNB des pays de l'Australie et du Pacifique (en milliards de dollars)

Australie **(367)**

Nouvelle-Zélande **(57)**
Papouasie-Nouvelle-Guinée **(5)**
Tous les autres pays **(4)**

Sources d'énergie

L'Australie possède de nombreuses ressources énergétiques. Le charbon en est la principale, les principaux gisements étant situés dans le Queensland et en Nouvelle-Galles du Sud. L'Australie en exporte une partie. Victoria et l'Australie-Occidentale produisent en outre du pétrole et du gaz naturel. Des centrales hydroélectriques, notamment celles des Snowy Mountains et de la Tasmanie, produisent environ 11 pour 100 des ressources énergétiques australiennes.

Les centrales hydroélectriques, dont celles qui sont situées le long du fleuve Waikato, dans l'Île du nord, et des fleuves Clutha et Waitaki, dans l'Île du sud, comptent pour une bonne part dans la production énergétique de la Nouvelle-Zélande, qui est aussi un pays producteur de charbon. L'Île du nord exploite également l'énergie thermique tirée de la vapeur volcanique.

PNB *per capita*

Per capita signifie par personne, par habitant. Le PNB *per capita* s'obtient en divisant le PNB par le nombre d'habitants. Par exemple, le PBN *per capita* de l'Australie est de 20 650 $. En revanche, celui des îles Salomon est de 870 $, ce qui en fait l'un des pays les plus pauvres de cette région.

Sources d'énergie dans les pays de l'Australie et du Pacifique

- ▮ Pétrole
- ◗ Gaz
- ≈ Hydroélectricité
- ⚒ Charbon
- ◉ Uranium

POLITIQUE ET HISTOIRE

Les Britanniques ont joué un rôle majeur dans l'histoire moderne de l'Australie et de la Nouvelle-Zélande. Mais depuis que la Grande-Bretagne est entrée dans la Communauté économique européenne (devenue l'Union européenne) en 1973, ses liens avec ces deux pays se sont relâchés, bien que ces derniers demeurent tous les deux membres du Commonwealth et qu'ils maintiennent leurs relations culturelles avec ce royaume. Depuis 1973, l'Australie et la Nouvelle-Zélande ont trouvé de nouveaux marchés pour leurs exportations avec des partenaires commerciaux d'Asie de l'Est et d'Amérique du Nord.

Le statut des premières nations, dont les peuples aborigènes, les insulaires du détroit de Torres d'Australie et les Maoris de Nouvelle-Zélande, constitue un autre enjeu politique.

Principaux événements

Les premiers habitants de l'Australie et des îles du Pacifique sont arrivés d'Asie du Sud-Est il y a des milliers d'années. L'occupation européenne à grande échelle n'a commencé que depuis le 19e siècle. Les premiers colons européens étaient des prisonniers qui travaillaient dans les colonies pénitenciaires, mais ils furent rapidement suivis par des colons libres, qui s'emparèrent des territoires aborigènes et apportèrent des maladies qui décimèrent les populations locales. En 200 ans, les populations aborigènes devinrent minoritaires dans une proportion de plus de 50 pour un. Les Britanniques introduisirent des moutons et des vaches dans leurs nouvelles colonies, découvrirent des mines d'or et développèrent l'industrie et le commerce. À la fin du XIXe siècle, la Grande-Bretagne, la France, l'Allemagne et les États-Unis se disputaient le contrôle des îles du Pacifique. Cependant, depuis les années 1960, douze pays de la région du Pacifique sont devenus indépendants. Aujourd'hui, l'Australie et la Nouvelle-Zélande sont des pays indépendants prospères.

Exploration de l'Australie et du Pacifique

Pacifique
- Magellan (1519)
- Roggeveen (1721)
- Cook (1772)

Australie
- Tasman (1642)
- Tasman (1644)
- Cook (1768)
- Flinders (1802)
- Burke et Wills (1860)
- Stuart (1861)

ÎLES MARSHALL

Hawaï

FIDJI

Tahiti

AUSTRALIE

Île de Pâques

NOUVELLE-ZÉLANDE

Dates importantes

40 000 Des humains occupent déjà le sol australien

Années 7000 Des cultivateurs s'installent en Nouvelle-Guinée

Années 5000 Le niveau des mers s'élève et isole l'Australie, la Nouvelle-Zélande et la Papouasie-Nouvelle-Guinée

3000 Peintures rupestres aborigènes

Années 1300 Des Mélanésiens atteignent Fidji et Samoa

Années 800-900 L'île du nord, en Nouvelle-Zélande, est occupée par les ancêtres polynésiens des Maoris

1519-1521 Le navigateur portugais Ferdinand Magellan devient le premier Européen à avoir traversé le Pacifique

1642-1645 Abel Tasman fait le tour de l'Australie et visite la Nouvelle-Zélande

1722 L'explorateur hollandais Jacob Roggeveen découvre l'île de Pâques

1768 Le capitaine James Cook entame l'exploration du Pacifique Sud

1768 Le capitaine James Cook entame l'exploration du Pacifique; il revendique la Nouvelle-Galles du Sud pour la Grande-Bretagne (1770)

1788 La Grande-Bretagne établit une colonie pénitenciaire à Port Jackson (Sydney). Arthur Phillip en est le gouverneur

Années 1790 Les Australiens installent des stations de dépeçage de baleines et de phoques en Nouvelle-Zélande. L'installation européenne débute peu après

1801-1803 Matthew Flinders navigue autour de l'Australie et en cartographie la côte

40 000 av. J.-C.	An 1 apr. J.-C.

44

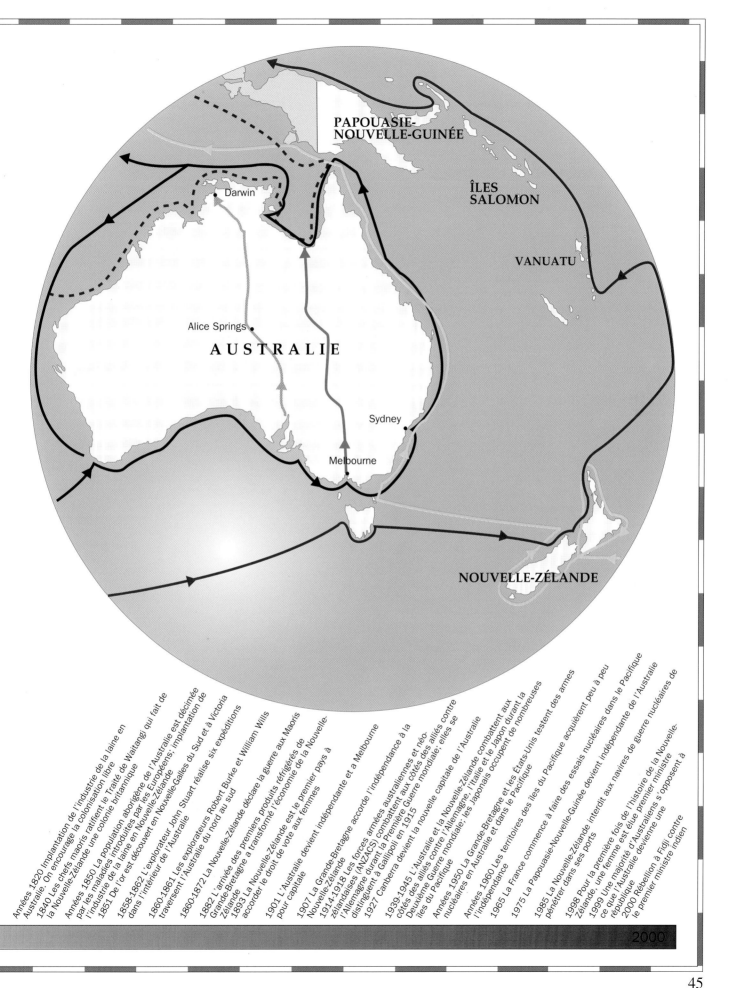

PAPOUASIE-NOUVELLE-GUINÉE

ÎLES SALOMON

VANUATU

Darwin

Alice Springs

A U S T R A L I E

Sydney

Melbourne

NOUVELLE-ZÉLANDE

Années 1820 Implantation de l'industrie de la laine en Australie. On encourage la colonisation libre

1840 Les chefs maoris ratifient le Traité de Waitangi qui fait de la Nouvelle-Zélande une colonie britannique

Années 1850 La population aborigène de l'Australie est décimée par les maladies introduites par les Européens; implantation de l'industrie de la laine en Nouvelle-Zélande

1851 De l'or est découvert en Nouvelle-Galles du Sud et à Victoria

1858-1862 L'explorateur John Stuart réalise six expéditions dans l'intérieur de l'Australie

1860-1861 Les explorateurs Robert Burke et William Wills traversent l'Australie du nord au sud

1860-1872 La Nouvelle-Zélande déclare la guerre aux Maoris

1882 L'arrivée des premiers produits réfrigérés de Grande-Bretagne a transformé l'économie de la Nouvelle-Zélande

1893 La Nouvelle-Zélande est le premier pays à accorder le droit de vote aux femmes

1901 L'Australie devient indépendante et a Melbourne pour capitale

1907 La Grande-Bretagne accorde l'indépendance à la Nouvelle-Zélande

1914-1918 Les forces armées australiennes et néo-zélandaises (ANZACS) combattent aux côtés des alliés contre l'Allemagne durant la Première Guerre mondiale; elles se distinguent à Gallipoli en 1915

1927 Canberra devient la nouvelle capitale de l'Australie

1939-1945 L'Australie et la Nouvelle-Zélande combattent aux côtés des alliés contre l'Allemagne, l'Italie et le Japon durant la Deuxième Guerre mondiale; les Japonais occupent de nombreuses îles du Pacifique

Années 1950 La Grande-Bretagne et les États-Unis testent des armes nucléaires en Australie et dans le Pacifique

Années 1960 Les territoires des îles du Pacifique acquièrent peu à peu l'indépendance

1965 La France commence a faire des essais nucléaires dans le Pacifique

1975 La Papouasie-Nouvelle-Guinée devient indépendante de l'Australie

1985 La Nouvelle-Zélande interdit aux navires de guerre nucléaires de pénétrer dans ses ports

1998 Pour la première fois de l'histoire de la Nouvelle-Zélande, une femme est élue premier ministre

1999 Une majorité d'Australiens s'opposent à ce que l'Australie devienne une république

2000 Rébellion à Fidji contre le premier ministre indien

2000

INDEX

Les chiffres en **gras** indiquent des cartes.
Les chiffres en *italique* indiquent des illustrations.

Références des illustrations
Photographies : David Scott 25
The Hutchison Library 4, 5, 6R, 8, 9, 11, 13, 15, 16, 19, 21, 23, 24, 30, 33, 35B
Travel Photo International 17, 26, 27